U0805167

公共体育服务体系构建与运行研究

屠丽琴　著

吉林摄影出版社
·长春·

图书在版编目（CIP）数据

公共体育服务体系构建与运行研究 / 屠丽琴著. --
长春 : 吉林摄影出版社, 2023.9

ISBN 978-7-5498-5962-7

Ⅰ. ①公… Ⅱ. ①屠… Ⅲ. ①群众体育－社会服务－
研究－中国 Ⅳ. ①G812.4

中国国家版本馆CIP数据核字(2023)第180474号

公共体育服务体系构建与运行研究

GONGGONG TIYU FUWU TIXI GOUJIAN YU YUNXING YANJIU

著　　者　屠丽琴
出 版 人　车　强
责任编辑　李　彬
封面设计　文　亮
开　　本　787 毫米 ×1092 毫米　1/16
字　　数　220千字
印　　张　9.5
版　　次　2023年9月第1版
印　　次　2023年9月第1次印刷

出　　版　吉林摄影出版社
发　　行　吉林摄影出版社
地　　址　长春市净月高新技术开发区福祉大路 5788 号
　　　　　邮编：130118
网　　址　www.jlsycbs.net
电　　话　总编办：0431-81629821
　　　　　发行科：0431-81629829
印　　刷　河北创联印刷有限公司

书　　号　ISBN 978-7-5498-5962-7　　　定　价：56.00 元
版权所有　　侵权必究

前 言

近年来，随着我国全民健身理念越来越深入人心，越来越多的人加入到健身队伍之中来，这对于我国人民群众身体素质的提高具有重要的意义。但是，随着全民健身运动的深入进行，我国全民健身的一些矛盾也显现出来。在群众体育领域，其矛盾主要表现在：人民群众日益增长的多元化体育需求与体育资源缺少之间的矛盾；法制保障不足与人民群众体育服务需求发展的矛盾；人民群众平等的体育权益与享有平等体育权益的机会之间的矛盾；公共体育服务资源效益较低与公众对公共体育服务质量要求较高之间的矛盾。因此，在这样的形势下，我们有必要对全民健身进行重新审视，构建一个相对健全和完善的公共体育服务体系，为人们参加体育运动健身提供良好的保障。

对个体生命的存续而言，健康是最基本也是最根本的需求，而发展体育运动、增进健康福祉业已成为各国保障公民权益、履行政府职能的基本内容之一，成为社会文明进步的重要体现。公共体育服务是公共服务体系的重要组成部分，是满足人民体育需求和促进人民身心健康的重要载体。为了加快我国公共体育服务体系的建设进程，为公共体育服务体系的构建和完善提供科学指导，特意写本书，希望能给我国公共体育服务的研究和实践者提供一些参考和建议。

目 录

第一章　体系基本理论体育公共服务概述

本章主要从体育公共服务相关概念界定，体育公共服务体系的特征、结构与功能以及体育公共服务体系发展的理念与目标等方面，对体育公共服务体系基本理论进行阐述。

第一节　体育公共服务相关概念界定

体系作为完整的系统，是指相互联系的整体，而相应的体系是由多种要素组成，要素作为体系的基本单元构成系统的组成部分，体系依赖于各要素之间的彼此相互联系、相互制约而构成整体的有序结构。

对于公共服务的分析主要分为四个层次：第一层次是明确什么是公共服务以及明确公共服务的范围；第二层次应对提供多少服务、如何融资和生产及定价等问题进行回答；第三层次应对公共服务实践中的运行给予足够的关注，强调在现实中如何保证公共服务的效率和公平，以及明确需要建立的机制以实现此目的；第四层次应注重公共服务政策的执行效果以及激励机制的安排，并为政策工具的调整和改进提供必要的依据，使得公共服务提供具有稳定性、有效性和可持续性等。

体育公共服务体系主要由服务的主体、客体以及主客体所处的环境共同构成，是由能够满足公众体育需求的诸多要素构成的有机整体，是一个重要的服务和保障系统，能够促进、增强大众体质健康的体育环境和条件的改善，促进大众积极参与到体育健身活动之中，满足大众的多样化体育需求。主要包括以下内容：体育公共设施建设服务体系、体育公共信息服务体系、体育公共组织管理服务体系以及体育公共政策服务体系等。

第二节　体育公共服务体系的特征、结构与功能

本节将对体育公共服务体系的特征、结构与功能进行深入研究。

一、体育公共服务体系的特征

1. 系统性特征

为建立科学、高效的体育公共服务体系，以促进整体功能的发挥，应注重体育公共服务体系各子系统、各组分以及各要素之间在系统内的协同作用。体育公共服务体系的系统性特征有以下几点：

一是整体性。体育公共服务体系是一个有序的系统组合，在建立和完善过程中，应注重其整体运行和运作。

二是联系性。体育公共服务体系由多个子系统构成，各子系统之间是相互联系的，子系统内部的组分、各要素之间也具有紧密的联系。

三是有序性。系统的秩序是系统的组分有效整合的结果，主要表现在三个方面：第一，是结构有序，要素内部、组分内部以及层次之间互动协同；第二，功能有序，通过和谐、动态的结构产生功能；第三，行为有序，要素、组分及子系统之间按照一定规律互动互应。和谐是有序的最高境界，包括组分内部的和谐、层次之间的和谐、系统运行中的和谐，系统与环境

之间的和谐。体育公共服务体系的有序性是指，其内部各子系统具有一定的结构和层次，其具有明确的服务方向。

2. 公共性特征

公共性特征主要是指体育公共服务在供给、目标以及供给和目标之间过程、衔接方面的“公共性”。“民享”是体育公共服务体系的核心目标，最终体育公共服务的出发点和落脚点是让全体民众享受我国体育发展的成果，即面向的是广大人民群众。体育公共服务体系的公共性特征主要有以下几点：利益取向的公益性、服务主体的公众性、服务供给的公平性、资源配置的公有性四个方面的基本内涵。

3. 统筹性特征

统筹性是体育公共服务体系的重要表现，在进行体系建设时，应统筹把握，促进相应目标的实现。具体而言，构建并建设良好的体育公共服务体系，必须以“两个统筹”为重点。

一是对不同行政区划之间和不同部门之间的体育资源进行积极统筹，去除无效的行政壁垒，促进不同行政区划、不同部门之间良好的交流与协作，加强对体育资源的共享，进一步促进体育公共服务的发展。

二是对城乡体育发展的统筹。我国城乡体育资源在经济社会的发展过程中存在分布过度不均衡的现象，尽管近些年在农村体育的发展上有所侧重，但总体上，农村体育及农村体育公共服务相比较于城市体育及城市体育公共服务依然存在较大的差距。在体育公共服务体系建设时，体育资源应考虑在城乡之间整体布局、合理配置，在当前一定时期应适度向农村体育及农村体育公共服务有所倾斜，促进城乡之间的协调发展。

4. 服务性特征

在进行体育公共管理工作时，公共管理者具有服务性特征，相应的体育公共服务供给主体开展相应的服务工作，而其所提供的体育产品也是为大众服务的。这种服务应是政府制度上的“共性”，不仅强调理念上的服务，也强调政策、制度层面的服务；不仅体现在具体管理层面的服务，也应体现在对服务对象各方面需求满足上的服务。

5. 保障性特征

保障既可以是实物，如资金、场地、设备等保障；也可以是非实物，如制度和政策保障。保障并不是对整个系统某一个方面或层面的保障，而是对所有组分、要素的保障。体育公共服务体系的保障性特征，是为了保障公民的体育权利，满足其多方面的体育需求。

6. 创新性特征

创新性特征主要表现为服务理念的创新，需要根据实际情况进行发展和创新。政府、社会、市场组织与非营利组织协同运作，开拓思维，推进管理创新，对体育公共服务体系资源有效整合，加强体育公共服务体制创新和运行机制创新。

二、体育公共服务体系的结构

体育公共服务体系涵盖体育公共服务的供给和大众对公共体育服务需求的满足两个层面，作为一个科学的系统，其需要一定的逻辑顺序来开展相应的活动，这样才能够保证提供民众所需的服务质量。在体育公共服务体系建设过程中，应明确体育公共服务体系的组分，进而明晰体育公共服务体系的组分与要素，从而形成体育公共服务体系所需求的结构。

（一）体育公共服务需求体系

体育公共服务需求体系的基本构架，以保证公民体育权利的实现作为重要方面，并将其作为政策层面的命题。为实现社会的进一步发展，应更好地满足公共需求。对于公民体育权利的尊重需要尊重其体育需求的表达权和公共决策参与权。

在社会主义市场经济体制下，从市场经济的角度，体育公共服务供给要充分考虑消费者对体育公共服务的需求状况，对体育公共服务的供给进行最优化，以满足大众对于体育公共服务的基本需求。因此，公众积极参与，让其需求得到充分的表达，是开展体育公共服务供给的重要逻辑起点。

在公共服务领域，需要建立相应的需求表达机制，通过多方博弈使需求得到一定程度的满足。通过相应的社会调查，听取公众的意见，确立体育公共服务标准，以大众的意见、建议和实际需求来提供相应的体育公共服务体系，以人为本，将民众的体质健康、对体育的切实需求作为体育公共服务的出发点和落脚点。

（二）体育公共服务供给体系

在计划经济时代，主要通过行政系统内部自上而下的方式对体育公共服务的供给进行管理，其管理的基本特征是行政命令。需要注意的是，随着我国社会经济体制的改革，作为自身具有复杂性、综合性的公共服务系统，其复杂性和综合性主要体现在其自身体系结构、参与各方之间关系、供给的方式及所在的社会环境等方面。体育公共服务供给体系应保证能够提升公众基本体育权益以及满足民众基本体育公共服务需求。

随着我国社会经济的发展，体育公共服务供给过程演变为由政府、市场、第三部门与私人部门等不同角色组成复杂合作网络的过程。但这些体育公共服务的供给主体，几乎都无法准确反映出公众对于体育公共服务的需要和诉求，因此，可能由于自身的价值标准、诉求及判断不一，造成供给结果与需求目标的不一致。所以，应积极促进社会效益和经济效益之间的平衡，制约市场主体之间的利益最大化冲动。

（三）体育公共服务保障体系

1. 组织保障体系

体育公共服务的组织保障体系通过这一方式使得体育公共服务体系机构合理化，促进组织目标的实现。组织结构复杂性的理解：纵向的复杂性，主要是指层级的数量；横向的复杂性，指跨越组织和部门的数量；空间的复杂性，是指组织结构要素在地理位置上分布的数量等。体育公共服务组织保障体系应注重纵轴结构、横轴结构、空间轴结构等方面的综合发展。

2. 政策法规保障体系

政策法规保障体系主要由法律、法规和部门规章条例三个层次组成，这属于正式的制度层面的保障。在体育公共服务均等化发展的过程中，要注重法律体系的建设。

3. 信息保障体系

信息保障体系也是体育公共服务体系的重要方面，信息机构的定位与机构之间的关系、各自的运行基础、坚持信息共享原则；应促进信息沟通渠道的畅通，确保正式渠道的有效性，同时拓展其他多种渠道；应注重信息保障制度建设，完善相应的法律、法规，建立相应的信息服务权益监督机制，保护信息服务的经营权、产权，提高信息权益保护的自觉性，防止侵权行为的发生。

（四）体育公共服务评价体系

体育公共服务评价体系，具体来说必须明确和处理好以下几个问题：

1. 体育公共服务绩效评估的内容

体育公共服务绩效评估的内容包括：对供给者的评估以及对其所提供的产品和服务的评估。体育公共服务绩效评估的内容不仅要考虑投入、产出的效率，而且要考虑效果、公平性，尤其要顾及公众的满意程度。

2. 体育公共服务绩效评估的主体

体育公共服务绩效评估的主体构建是服务绩效评估的关键环节，评估主体应具有权威性、代表性、合法性和有效性，这也是建立科学的体育公共服务绩效评估体系的重要保证。在体育公共服务绩效评估的主体多元化发展过程中，政府评估、公众评估和第三方评估也应多元化发展。

3. 体育公共服务绩效评估的方式和方法

体育公共服务绩效评估的方式和方法即为“如何评估”，根据绩效评估的性质，可将其评估方式分为定性评估和定量评估两种。定性评估，就是对体育公共服务绩效进行质的鉴别和确定等级，主要是通过评审的方法进行。定量评估，是对体育公共服务在量的方面进行鉴别和等级评定，在进行充分调查、有效统计和科学测量的基础上，运用相应统计学方法对数据进行整理和分析。体育公共服务绩效评估需要设立一套科学的体育公共服务评估模型，并注重其评估的可操作性，在实践中对其进行针对性的修正和改进，进而推动体育公共服务绩效评估体系的不断发展和完善。

三、体育公共服务体系的功能

（一）体育公共服务体系的系统功能定位

1. 创新服务功能

体育公共服务体系的核心是公民都应拥有平等获得体育公共服务功能的权利，其目的主要是将服务共享功能的覆盖范围进一步扩大。创新服务功能在其结构优化方面的目标则是提高大众共享体育公共服务的满意程度，而大众对于体育公共服务广泛性的满意程度正是基于体育公共服务结果的定位。这需要积极扩大引入市场竞争机制，促进其与市场经济发展相适应，积极营造良好的协作机制和责任机制，以稳定的法制环境为基础，优化体育公共服务体系的服务功能。

2. 资源整合功能

体育公共资源整合需要优化资源配置，实现其整体的优化，最大限度地满足公众体育公共服务需求。具体来说，应注意：建立相应的资源共享机制，强化体育系统内部场馆资源和高校体育场馆资源的整合，使得其能够更好地满足大众的体育健身需求，促进体育公共资源配置的合理化，使其供给效率不断提升，使得当地居民的体育公共服务需要得到满足；积极鼓励大众加入社会体育指导员队伍，建立相应的政策，加强体育公共服务工作者素质的教育和培养，注重调动群众参与的积极性，发挥工作人员的潜力。

3. 激励约束功能

体育公共服务体系具有激励约束功能，其主要表现为其不仅能够促进体育公共服务数量与质量的快速发展，还使得体育公共服务的需求与供给之间有效衔接，促进其体育公共服务需求的满足。

（二）体育公共服务体系供给主体间的功能关系

在体育公共服务体系内部，各供给主体依靠其自身所具备的资源优势而分别承担着不同的职能分工，进而演化为体育公共服务体系的系列功能，具体的供给主体有以下四方面：

一是政府公共机构。当前，体育公共服务体系的重要主体是政府的公共机构，政府公共机构在信息、技术、资金等方面发挥着带头作用，其主要在目标制定、政策引导、布局规划、战略研究等方面发挥不可替代的作用。

二是市场组织。市场组织等主体在资本积累、管理运行效率和交易成本方面具备天然优势，能够实现生产要素的优化配置，使得各生产要素在适应外部市场与社会环境变化方面反应最为迅速，可以最先做出调整和进行变化。

三是社会性组织。社会性组织通过调研等方式，汇集公众的多元体育需求，实现对公众需求的认可，将各种存在关联的因素整合到统一的体系下，以便协调需求、资源与供给之间的平衡，进而实现统一。

四是相关科研机构及高等院校。它们不仅承担着部分公益性体育公共服务的供给职能，还通过体育理论以及相关科学技术的教育、培训与研究的推广和应用，在理论和实践层面维系着体育公共服务体系的有效运行，减少体育公共服务体系在运行过程中受到供给主体更替、经济社会环境发展变化等方面的影响。

第三节　体育公共服务体系发展的理念与目标

科学的发展理念和目标决定科学的行为和措施，有助于体育公共服务的良性发展，因此制定合理的发展理念及目标就显得尤为重要。本节主要是对体育公共服务体系发展的理念与目标进行深入研究。

体育公共服务设计理念包括：一是体育公共服务的出发点：以人为本，体现人文关怀。二是体育公共服务的价值基础：诚信与正义。三是体育公共服务的追求目标：团结与凝聚。体育公共服务渗透体育精神，展现体育精神的巨大魅力，进而增强民族凝聚力，提高我国民众的素质、综合国力及社会经济发展速度。四是体育公共服务的发展动因：以需求促供给。五是体育公共服务发展的均衡点：公平与效率之间的大众共享。六是体育公共服务实现的基础：完善的体育公共服务体系，为广大公民提供良好的社会环境和更多的自由空间，体现了保障公民文化权利的更深层次要求。

制定体育公共服务发展目标应遵循以下基本原则：一是公平享有，尽可能保障体育公共服务的支出等措施，提高公平享有体育公共服务的水平；二是满足不同层次的需求，应采取积极的扶持政策，加强政府宏观调控；三是完善体育公共服务体制。根据公共产品的类别、层次，对各级政府提供体育公共产品的责任范围进行合理界定、明晰，做到事权和财权、责任与义务的对等。

我国体育公共服务发展的阶段目标。在借鉴国外政府体育公共服务经验教训的基础上，全面、辩证、系统地分析我国体育公共服务阶段目标的确立。从我国的国情来看，体育公共服务要经历不同的阶段，在每个阶段上，其具体重点、目标及表现是不同的。

第四节　体育公共服务主客体概况

体育在我国作为一项事业而存在，体育公共服务同样是我国体育发展事业的重要组成部分。对公共事业管理的主体与客体具有良好的认知，影响着对公共事业的管理、公共事业改革方向、路径、方法的认知。但分析体育公共服务管理的主体与客体需从我国体育发展的实际出发。

现阶段，我国体育公共服务的主体主要是由各级政府、非政府公共组织及民众构成的系统，其中，各级政府是最主要的主体，常以提供政策法规和文件等正式制度、评估、财物和场地资源等方式体现主体地位。

体育公共服务的客体与体育公共服务的主体相对而言，常指体育公共服务发生作用的对象，包括体育公共服务运行中存在的问题、产生的作用及影响的社会成员，即涵盖人和事两个层面。体育公共服务的客体可根据不同的分类标准有不同的划分类别体系。

体育公共服务主客体概况研究，本节以高校主体、客体进行分析。

一、体育服务的主体概况

高校体育公共服务的主体主要有高校体育教师、外聘教练、高校学生体育社团、高校体育志愿者以及高校大学生，这些不同的服务主体在高校体育公共服务过程中各有优势，承担不同的角色和职能。高校大学生的体育服务主要通过参与大学生体育社团或体育志愿服务等方式进行。

以教师为主体的健身指导队伍尚不能很好地满足多数人群的健身指导需求。因此，在目前公民健身指导需求较高的情况下，充分发挥体育教师的主导作用，调动各种供给主体的积极性是高校体育公共服务健康持续开展的重要任务。

二、体育公共服务客体概况

一是体育服务客体的组成。高校体育服务的对象主要是校内学生和校内教职工。此外，教职工家属以及校外民众也是多数高校的体育服务对象，许多高校的体育场馆已经开始对校外民众开放。

二是体育服务客体的体育需求。不同人群的体育需求具有普遍的广泛性和一定的相似性、集体性，有规律的日常体育锻炼活动为多数人所需求，这种情况具体体现在：体育服务需求的相似性；对科学健身追求的普遍性；体育场馆（地）服务、体育组织服务、体育锻炼指导、运动后的营养调配、健康知识宣传、日常体育活动的组织以及运动项目等培训服务。

第二章　公共体育服务发展理念、目标及指标、模型构建

第一节　公共体育服务的发展理念

一、公共体育服务的出发点：以人为本，体现人文关怀

“以人为本”意味着需要保持人的持久活力。公共体育服务能保持人的持久活力和良好的精神状态，具有较强的凝聚力。人丧失活力意味着社会失去活力，社会活力的枯竭意味着公共体育服务没有了基础。

二、公共体育服务的发展动因：以需求促供给

经济发展、社会进步和市场化的演进，促进了体育公共产品的发展与繁荣，进而决定了公共体育服务的发展与繁荣。但是，目前我国公共体育服务还不够成熟和规范。从供给方面看，公共体育服务整体规模较小，能够真正进入公共体育服务领域的项目数量还不多。从实践来看，公共体育服务消费市场还处于初级阶段，因此消费能力和水平相对较低，消费结构还不合理。我国应大力发展体育需求市场和供给市场，因此，深入研究公共体育服务的需求与供给，对我国公共体育服务健康、稳步及可持续发展有着重要意义。

三、公共体育服务发展的均衡点：公平与效率之间的大众共享

大众共享就是要维护和实现文化公平，努力避免和主动解决由于文化问题而引起的人民内部矛盾，切实保障最广大人民的文化权益，使全体人民共享文化成果。保障广大人民群众享有基本的公共体育服务是政府的承诺。要以构建和谐社会要求为标准，加大政府对体育公共产品和服务建设的投入，优先安排和提供与人民群众体育需求相吻合的基础性产品和服务，加快建立覆盖全社会的公共体育服务体系，在公平与效率之间寻求均衡点。

四、公共体育服务实现的基础：完善的公共体育服务体系

只有建立完善的公共体育服务体系，才能保障公民拥有享有公共体育服务的权利。公民享有公共体育服务的权利的前提与基础，是公共体育服务事业发达，公共体育服务产品充足和服务完善。构建公共体育服务体系的核心目标之一，就是实现为广大人民群众提供数量多和水平高的体育文化产品，不断满足人民群众日益增长的需求。人民群众不仅享受公共体育服务带来的福利，而且还可以参与到各项文化活动中去，以获得精神文化的更多满足并促进自身发展。为广大公民提供良好的社会环境和更多的自由空间，这体现了保障公民文化权利的更深层次要求。

第二节　公共体育服务发展目标

目标是人们通过努力所希望达成的一种状态或者结果。在现实生活中，任何组织的任何一项改革都需要在认清改革规律的基础上明确发展目标，

用以设计改革的方案，引导并协调组织成员的改革行为，从而使各项改革资源朝向目标而努力。公共体育服务目标的建立，就是科学发展公共体育服务的理论依据。

一、公共体育服务发展目标确定的依据

公共体育服务建设发展目标必须以社会发展目标为依据，科学定位，合理构建。社会发展目标和体育事业发展目标为公共体育服务目标建设提供了背景和依据，社会发展目标决定了公共体育服务发展目标的基本定位。

二、制定公共体育服务发展目标基本原则

（一）公平享有

人人享有基本公共体育服务，这是核心所在。政府部门应首先明确这一点，并采取措施，提高公平享有的公共体育服务水平。一是扩大覆盖面，提高居民参与率；二是提供场地设施，以就近和方便的原则尽可能满足需要；三是建立活动站点，提供基层体育活动场所；四是增加公共财政投入，尽可能保障公共体育服务的支出。

（二）满足不同层次的需求

由于社会经济发展不平衡，公共体育服务需求在不同经济实力人群和不同地区发展不平衡的状况必将长期存在。为满足不同层次的体育服务需求，应采取积极的扶持政策。基本政策应是提供基本公共体育服务产品，保障基本体育需求，激活多层次体育健身市场。提供基本公共体育服务产品，属于全社会体育公共类服务，如建设公共体育场馆、开放公共体育场地等。这类体育服务政府应给予拨款，维护公共体育服务；保障基本体育

需求，根据社会经济发展财政支付能力，确定公共体育服务范围，建立较为系统的基本公共体育服务提供体系，保障基本公共体育服务体系的正常运转，为居民提供基本体育健身服务；激活多层次体育健身市场，鼓励多种形式、多层次办体育，以满足不同层次的健身需求。

（三）加强政府宏观调控

公共体育服务必须是由政府主导，是服务政府、责任政府和法治政府的职责所在。一是公共体育服务民生工程，人人享有基本公共体育服务是需要面对的问题；二是公共体育服务资源不对称，城乡二元结构在体育内部以特殊的形式存在；三是公共场地设施向社会开放不够；四是公共体育服务质量有待提高，正因为公共体育服务的特殊性，政府必须加强监管。这样，政府应充当公共体育服务的采购者，基本公共体育服务的资助者，多层次体育健身市场的监管者。

公共体育服务的采购者是指政府在体育公共设施、公共场地开放等方面的公益性体育服务，惠及全社会，但是无法确定具体消费，应由政府出资，支付相关费用，可向社会相关体育机构购买服务或者直接由政府承办解决公共体育服务。

基本公共体育服务的资助者是指政府在力所能及的条件下，对基本公共体育服务项目采取补贴的形式，使基本公共体育服务以较低的价格提供给公民，对全社会弱势群体提供基本公共体育服务援助。

多层次体育健身市场的监管者是指政府对体育健身市场，以满足不同层次体育需求为目标，对体育健身市场实行合理规划，制定准入标准，监控服务质量，保持有序竞争的监管能力。

（四）完善公共体育服务体制

公共体育服务具有城乡一体化的体育公共产品供给制度，形成多元化的体育公共产品供给模式和机制。从根本上改变公共产品城乡二元供给制度，建立城乡统筹的公共体育服务供给制度。根据公共产品的类别和层次，合理界定各级政府提供体育公共产品的责任范围，做到事权和财权的对等。财政支出必须坚持以人为本，把更多财政资金投向公共体育服务领域，尤其要确保新增财力主要投向社会事业发展的薄弱环节，投向农村地区。构建多元化的体育公共产品供给机制，引入民间资本，动员社会各方力量，形成以公共财政为主体、社会各方共同参与的体育公共产品供给机制。

三、我国公共体育服务发展的总体目标

公共体育服务发展的总体目标是：以满足社会成员的基本体育需求为目的，着眼于提高居民身体素质和生活质量，既给居民提供基本的体育文化享受，也提供并保障社会生存与发展所必需的体育环境与条件的体育公共产品和服务。

建立完善科学的公共体育服务管理体系，包括公共政策决策机构和机制，高效的公共体育服务提供主体，包括政府行政部门和主要由公共财政提供经费的公益性体育服务机构；合理的公共财政、土地、城市空间、人力资源等体育公共资源配置；提供种类齐全、服务质量稳定、能满足不同社会群体基本体育需求的体育公共产品和服务；科学的公共体育服务绩效评估制度。

坚持体育为人民服务和为社会主义现代化建设服务的方针，开展全民健身活动，增强人民体质，这是体育工作的根本任务。把“在运动中寻找健康，在健康中获得快乐”作为追求的目标，使“参与、健身、娱乐”的

大众体育理念深入百姓心中。

健身设施提供采取多元化方式，以体育彩票公益金作为引导资金，各级政府及社会力量共同投资的方式，配建室内外相结合的体育健身设施，使全民健身设施建设的投资渠道由体育彩票公益金投入逐步转为企业投入。

应根据国民经济和社会发展水平、人口结构、环境条件，配置公共文化体育设施的数量、种类、规模、布局及文化体育事业发展的需要，统筹兼顾，优化配置，并符合国家关于城乡公共文化体育设施用地定额指标的规定。

采取结合型公共体育服务融资模式。结合型融资模式是强调政府对公共体育服务的投入，其他活动经费来源由体育部门自行筹集，必要时政府从法令制度上给予支持。资金筹集过程中居民的积极参与，有利于大众体育活动的开展，会增加民众参与体育活动的机会和权利。

成熟的公共体育服务状态，表现为不同区域之间、城乡之间和居民个人之间享受的基本公共体育服务水平一致。当前我国公共体育服务应将工作重点定位于实现区域公共体育服务进程，同时加快城乡公共服务均等化、居民公共体育服务均等化。

第三节 公共体育服务指标研究综述

一、公共体育理论综述

（一）公共体育服务内涵研究综述

公共体育服务是指在一定经济社会发展阶段，以体育行政部门为主的公共组织运用公共权力或利用体育公共资源去满足社会公众公共的、基本的体育需求所提供的各种服务。

目前，我国有关公共体育服务的研究文献较少，学术界对公共体育服务内涵的确定也尚未统一。不同的学者从多重视角出发，对公共体育服务内涵的认识大致有三种观点。

第一种是公共产品理论视角，即公共体育服务是具有公共产品属性的服务，将公共产品理论应用到了体育领域。这种观点认为公共体育服务是指满足社会公共需求，具有非竞争性和非排他性公共物品的体育服务。

第二种是公共组织属性视角，即公共体育服务是由公共组织提供的服务。这种观点以政府相关机构等为公共组织导向，认为公共体育服务是由公共部门或准公共部门共同提供的，以满足社会成员的基本体育需求为目的，着眼于提高公众身体素质和生活质量，既给公众提供体育文化享受，又提供并保障其社会生存与发展所必需的体育环境与条件的公共产品和服务行为的总称。这种观点把公共体育服务理解为除提供公共体育产品或服务外，还包括体育政策服务（体育相关法律、法规、政策等）和体育市场监管服务。它突破了公共体育服务单纯具化为物态层面的含义，认识到了公益体育事业与经营性体育产业的分类，以及政府或体育行政管理部门对体育市场或体育产业发展的管理，并从中可以延伸至对公共体育服务的政府公共财政投入、体育发展政策制定、体制改革与机制创新等内容。

第三种是公共体育需求视角，即公共体育服务是满足公共体育需求的服务。这种观点从公众的需求出发，认为公共体育服务是为满足公共体育需求而提供公共物品或混合物品的体育服务。这是福利经济学的定义，运用经济学或制度经济学的相关概念，把公共体育服务直接与具有经营性的非公共物品对应。这种对公共体育服务的经济学式认识往往会造成误解，把公共体育服务简单理解为由政府、公益性体育事业单位等公共部门或机构向社会公众提供免费享受的体育产品或服务。

（二）公共体育服务体系要素研究综述

想要提升公共体育服务，首先应该明确公共体育服务包括哪些要素。公共体育服务体系包括九大要素，即体育活动、体育组织、体育场地设施、体育信息、体育指导、体育资金、体育政策法规、体育监督反馈和体育绩效评价。

公共体育服务体系是指体育公共产品和体育公共服务的生产、供给体系。公共体育服务体系应该包括公共体育场地设施、特色体育活动、社会体育组织、体质监测网络、社会体育指导员、体育健身信息平台等内容。通过对我国贫困地区体育公共服务体系建设的研究，将体育公共服务体系的内涵归纳为体质监测、体育组织管理、体育活动指导、体育资源保障、信息宣传等服务。

公共体育服务体系由体育场地设施、活动指导、健身组织、组织管理和信息供给五个子系统构成。公共体育服务的体系结构包括体育活动、体育场地设施、体育组织、体育信息服务、体育健身培训指导、资金投入监督反馈、效果评价，以及体育公共服务体系的要素结构、组织结构、运行机制等。

二、大众体育理论研究综述

大众体育又称群众体育，是与学校体育、竞技体育对应的概念。它是人们在工作之余和休息时刻自愿参加，以锻炼身体、消遣娱乐、参与社交活动等为目的的体育活动，其形式多样，内容广泛，还包括组织群众参与的领导系统和措施等，是我国体育事业的重要组成部分。

大众体育运动在我国主要表现为全民健身运动，全民健身发展以大众体育以及社区体育为主。随着经济制度的改革，大众体育的发展发生了质的变化。改革开放之前，在计划经济体制条件下，发展体育运动，增强人民体质，是以满足国家生产建设和国防建设需要为前提的。自改革开放以来，我国经济体制逐渐向市场经济体制转变，对大众体育资源的开发逐渐注入社会力量，政府角色逐渐淡出，民间大众体育社团组织或企业登上历史舞台，并开始发挥重要作用。政府制定大众体育政策，基层政府、社会团体与体育企业共同实施。

三、社区体育理论综述

社区体育是近年来我国大众体育发展中最引人注目的体育活动组织形式之一。虽然我国的社区体育起步较晚，但随着我国社会的不断发展和改革开放的不断深入，它已经成为我国开展大众体育活动和推行全民健身计划的基本组织形式。学术界对社区体育的概念有以下界定。

（一）社区体育一般概念综述

社区体育是指共同生活和工作在社会一定领域的单位，突破了行业界限的隶属关系，自愿参加和共同组织起来的群众体育团体，为他们的成员所组织的体育竞赛活动。它是在居民生活圈内由居民自主进行的群众性体育活动，并且是通过体育活动建立相互良好的关系和共同意识，促进地区社会活动性的一种社会活动；是社区成员以社区情感为契机，以自发性为原则，以一定的地域空间为依托，利用人工设施或自然环境，在行政的支援下，以推进《全民健身计划》实施为目的，有计划进行的、组织化的体育活动；是以地域、单位、楼组和家庭为基本特征，老幼居民为主要参与对象，以多种形式的身体练习为内容而开展的组织灵活、形式丰富的体育活动，并以增进居民健康、提高社区成员的社会适应能力和丰富业余文化生活为最终目的。

社区体育的基本要素为：人员（指导者和参与者）、物质条件（场地设施）、时间（社区成员的余暇时间）、经费（社区体育活动费用）、社区体育组织和社区体育活动。

公共体育服务体系包括竞技体育服务体系、学校体育服务体系和大众体育服务体系，公共体育与社区体育有联系也有区别。社区体育有广义和狭义之分，广义上的社区体育是指某一区域内的体育活动的总称，在一定程度上包括了社区内的学校体育、竞技体育和群众体育；狭义上的社区体育是大众体育的重要组成部分。

（二）城市社区体育概念综述

《关于加强城市社区体育工作的意见》将城市社区体育界定为在街道办事处和居住小区的辖区内，以自然居住环境和体育设施为物质基础，以全体社区成员为主要对象，以满足社区成员的体育需求，增进社区成员的身心健康，巩固和发展社区感情为主要目的，就地和就近开展的区域性的社区体育。社区体育具有以下特征：社区主体的自主性与多质性，活动的区域性和时间余暇性，健身与娱乐性兼具，社会性与公益性并存，自我管理与服务的松散组织，非正规性与弱竞技性，专业要求和消费水平低。

（三）农村社区体育概念综述

农村社区体育是指社区居民以相对聚合的自然行政村落为主要体育活动范围的区域性社区体育；是相对集中或在“卫星城”（一个中心相对集中的村落组成的社区周围辐射扩散型的自然村落）内共同生活的人们自发的或偶有集体组织进行的体育锻炼娱乐活动。农村社区体育带有一定的地方性色彩与民间性色彩。

农村社区体育是在社区的指导下，以自然村落为基本单位，以村落自然资源和社会资源为基础，以增强体质、丰富社区文化生活、提高居民生活质量，就近开展的农村社区居民自愿参与的区域性体育活动。发展农村社区体育应当把体育作为推动经济发展和农民增收的一种手段，而不仅仅是福利输入。

第四节　公共体育服务指标体系选择

一、指标体系的设计过程与方法

（一）公共体育服务体系涵盖内容分析

体系是由诸多相互联系的要素所构成的整体。早在 20 世纪初，国外学者就已经开始从事相关研究和实践。在西方发达国家，社区是公共服务的主要承接主体，社区体育往往成为公共体育服务的实际所指。因此，社区体育中心也成为公共体育服务的实现载体。国外相关研究在社区体育中心的建造使用、功能选择、培训指导等方面积累了较为丰富的研究成果。

目前，国内大多数学者将西方的“社区体育”等同于“公共体育”服务概念。国内研究也将公共体育服务体系界定为由供给体系、产品体系、资源配置体系、管理运行体系和服务对象体系所构成的系统性、整体性的制度安排。

国内学者倾向于运用系统分析方法探讨公共体育服务体系的组成，提出我国公共体育服务体系包括九个部分：体育活动、体育组织、体育场地设施、体育信息、体育指导、体育资金、体育政策法规、体育监督反馈和体育绩效评价。其中，“体育活动”是公共体育服务体系的核心部分。

（二）概念及内涵要素界定

公共体育服务体系包含组织管理、经费投入、基础设施、活动和指导、效益评价五个内涵要素。其中:① 组织管理包括组织机构和政策法规；② 经费投入包括政府财政、集资、社会捐助、赞助、基金等，是公共体育事业发展的资金保障；③ 基础设施包括公共财政和社会资金投入的体育场地和设施，是公共体育服务的物质保障；④ 活动和指导是公共体育服务的内容和表现形式；⑤ 效益评价是从需求者即社会公众的角度，对公共体育服务进行绩效评估和监督。

（三）指标设计的原则要求

1. 科学性要求

示范区创建指标体系的科学性主要体现为特征性、准确性、完备性和独立性，具体表现为所选取的指标应具有代表性，覆盖面广。不仅各个指标要达到定义规范和内涵清晰的要求，指标之间还要体现“点、面”覆盖原则，既要有总体概况的描述，还要体现平均差异和增长变化。指标体系中各个指标要协调统一；每一个“观测点”都是对公共体育服务体系的系统性和结构特征的科学描述，都是对高一级指标客观真实的反映。因此，要求评价指标体系内部同级指标之间确保不冲突、不重复；指标体系的结构和层次要合理，符合公共体育服务体系示范区指标设计的逻辑思路。

2. 可操作性要求

可操作性具体从两方面进行衡量：一方面，各指标内容所对应指标值的可获取渠道和可量化程度。示范区创建指标是一项实践性和应用性非常强的工作，特别是鉴于我国体育相关事业统计中还存在个别空白地带，其指标选择必须坚持可操作性原则。例如，在本指标体系中，经济效益部分的观测点“人均体育消费金额”，其科学性较高，但因获取性低而未能纳入指标体系。部分代表性较高的指标能否被采用，还取决于将来我国经济数据普查和体育统计工作的深入和完善程度。另一方面，指标体系中硬指标和软指标的合理搭配。硬指标均可以进行量化处理，软指标只能以“有、无”来代替，实施程度无从测量。在本指标体系中较多采用硬指标，力图提高评价指标的可操作性。

3. 可比性要求

以江苏省示范区创建的实践操作为例，示范区创建需要覆盖江苏省 13 个省辖市、99 个县（市、区）。各省辖市、县（市、区）的社会经济发展水平差异明显，公共体育服务体系的建设成果水平不一。部分地区的特色型、创新性工作因为覆盖面较小导致其可比性较低。所选取的观测点必须在不同经济发展水平的地区之间具备普及性和可比性。例如，苏州和常州实施的“医保健身一卡通”的创新举措尽管取得了服务实效，但是因为多种原因而未能在其他地区推广，使得该项内容不具备可比性。因此，示范区创建指标的设计，需要兼顾地区之间、地区本身的横向及纵向比较。

4. 适用性要求

指标体系的设计是为了构建公共体育服务体系。以江苏示范区的创建标准为例，所设置的64项观测点必须贴合江苏公共体育服务发展实际，对专业性、实践性和指导性都提出了较高要求。为此，课题组制订了详细周密的调研计划，依次奔赴南京、扬州、常州、徐州、宿迁等调研点，共计调查4个省辖市和19个县（市、区），向相关部门的一线工作人员征集对指标内容的意见，经历了县（市、区）级、市级和省级相关职能管理部门三轮较大规模的修改论证，力图促使本指标体系的所有观测点内容能够反映公共体育服务发展导向，符合工商、财政、统计、民政等职能部门的管理活动规范，符合各级体育管理部门的业务活动规律，提高观测点内容的适用水平。

（四）评估指标的经验预选

公共体育服务体系的指标评估考核以各区域公共体育服务供给水平和发展状况为评估客体。围绕建设社会主义核心价值体系和满足城乡居民精神文化需求的要求，坚持公益性、基本性、均等性和便利性，建立健全公共文化服务体系，扩大公共文化产品和服务的供给，推进公共体育服务体系建设。

在具体任务中指出，要加强基层公共体育设施建设，大力推动公共体育设施向社会开放，健全学校等企事业单位体育设施向公众开放的管理制度，健全基层全民健身组织服务体系，扶持社区体育俱乐部、青少年体育俱乐部、体育健身站（点）等建设，发展壮大社会体育指导员队伍，建立国家、省和市三级体质测定与运动健身指导站，普及科学健身知识，定期开展国民体质监测。我国体育事业发展要以建设体育强国为目标，以转变体育发展方式为主线，以建立完善符合国情、比较完整、覆盖城乡和可持续的公共体育服务体系为重点。

第三章　公共体育服务体系与健康素质的内在关系

全民健身承载着推动现代人的思维、意识、生活方式转变和强身健体的社会文化活动的体育重托，在实现人的现代化过程中发挥着越来越重要的作用，是实现人的现代化的一个重要因素。以人为本，以健康为目的，崇尚全民健身的全民健身公共服务，也必将突显它无法比拟的社会地位。因此，加强和重视研究健康素质和全民健身公共服务，关系到小康社会奋斗目标的实现，也关系到未来我国体育事业发展的走向。

第一节　健康素质的基本含义

随着社会的发展和人民生活水平的提高，人们越来越关注自己的健康，衣食住行都要考虑是否影响健康这个因素。笔者在搜集、查阅和分析大量国内外相关资料和学术研究成果时发现，“健康”和“素质”是近些年使用频率较高的词语，同时也是歧义较多的概念。究竟什么是健康，什么是素质，迄今为止，学术界众说纷纭。由于健康和素质具有多维本质特征，对其就难以进行概念上的描述，从不同的视角，会有不同的认识。不断发展变化的健康和素质的概念，反映的正是在不同历史时期、不同语境中人们对健康和素质的认识过程和理解过程。因此，这也加大了我们对“健康素质”的理解难度。健康作为人类生存发展的基本要素，是人类宝贵的社会财富。随着科学的发展和社会的变迁，健康、素质和健康素质的内涵不断丰富充实，并向更深层次、多元和广泛的外延扩展。

一、对健康概念的诠释

关于健康的概念有多种。《现代汉语词典》（第 7 版）对“健康”的定义为：“（人体）发育良好，机理正常，有健全的心理和社会适应能力。”《辞海》中对“健康”的本义有两种解释，一是生物机能正常，没有缺陷和疾病；二是情况正常，没有缺陷。在英文中，与“健康”对应的单词是“health”。它来自古英语“hal”，意思是健壮的、完整的、身心健全的。

我国学者穆俊武将健康定义为“在时间、空间、身体、精神、行为方面都尽可能达到良好状态”。并对此做如下解释：时间概念，是指个人或社会发展的不同时期对健康不能用同一标准来衡量。不能把健康看作静止不变的东西，应将其理解为不断变化着的概念。新的健康概念强调时间的重要性，即健康概念的相对性。空间概念，是指不同地区、不同国家的人，有着各不相同的健康概念和健康标准。这并不意味着没有一个可供人们遵循的健康概念。在发达国家和不发达国家，人们对保健的需要不同。作为健康教育者，应根据空间来制定保健行为。健康不是由主观或客观的东西来决定的。不妨从身体、精神、行为等角度，把主观表现、客观征象结合起来去探求健康概念。身体、精神概念较易理解。行为，是一个人在社会生活中对赋予的责任和义务所采取的动态和动机。因此，在考虑健康时必须区分是群体的健康还是个人的健康。群体的健康是采用统计学上的平均值，即在一定范围内某一个时期的健康应为正常值，偏离了就不正常。个人的健康是现实的，群体的健康是理想的。健康与疾病是共存于人体中的，生病的人体也包含有健康成分，而健康的人体也包含疾病的因素。绝对的健康是不存在，而绝对的疾病就是死亡。

1948 年，世界卫生组织（WHO）在其章程中给健康做了如下定义："健康不是自我感觉良好的状态。健康是个体在身体上、精神上、社会上完全安宁的状态，而不仅仅是没有疾病和病症。" 1978 年，在国际初级卫生保健大会上发表的《阿拉木图宣言》重申：健康不仅是没有疾病或不虚弱，而且是身体的、精神的健康和社会适应良好的总称。该宣言指出：健康是基本人权，达到尽可能高的健康水平是世界范围内一项重要的社会性目标。事隔多年后，1989 年世界卫生组织又一次深化了健康的概念："健康乃是一种在身体上、精神上的完满状态，以及良好的适应力，不仅是没有疾病和衰弱的状态。" 这就是人们所指的身心健康，也就是说，一个人只有在躯体健康、心理健康、社会适应良好和道德健康四个方面都健全，才是完全健康的人。这种新的健康观念使医学模式从单一的"生物医学模式"演变为"生物 - 心理 - 社会现代医学模式"，是对生物医学模式下的健康的有力补充和发展，它既考虑到人的自然属性，又考虑到人的社会属性。世界卫生组织对"健康"进行重新定义，同样是一个人类对自身不断认识的过程。

综上所述，从健康概念发展的历史过程不难看出，其内涵与外延经历了从"生物医学模式"、"生物 - 心理医学模式"到"生物 - 心理 - 社会现代医学模式"的过程。马克思曾把健康作为人类生存和历史发展的第一前提，也把它当作个体的第一权利。健康概念内涵的不断丰富和外延的不断扩展充分说明了个体健康不仅是社会发展目标中的基本目标，而且是社会发展的基本标志和潜在动力。如果社会个体没有健康的体魄，就无法为社会做贡献和享受生活。个体健康是整体健康的前提和基础，没有个体的健康也就谈不上整体的健康。

二、对素质概念的诠释

对素质的理解，仁者见仁，智者见智。《辞海》对“素质”一词做出两种解释：白色的质地和本质。《现代汉语词典》（第 7 版）对“素质”给出三种定义：一是指事物本来的性质；二是指素养；三是心理学上指人的神经系统和感觉器官上的先天的特点。第一种含义与《辞海》的界定是一致的，都是指事物的本质。可以认为这是传统的广义的素质含义，泛指一切事物的本质，也可以称之为自然素质。

《中国大百科全书·心理学》对“素质”是这样界定的：素质是能力的自然前提，人的神经系统以及感觉器官、运动器官的生理结构和功能特点，特别是脑的微观的特点，与能力的形成和发展有密切关系。而朱智贤主编的《心理学大词典》认为：素质一般指有机体天生具有的某种解剖和生理的特点，主要是神经系统、脑的特性以及感官和运动器官的特性，是能力发展的自然前提和基础。

周冠生认为：素质是发生于人体中由生理运动向心理运动转化的一种新的系统。它是人的心理活动与行为发展方向的准备状态，即心理活动产生的潜力。他从教育学角度界定素质概念，认为素质是指人在先天生理的基础上通过后天环境影响和教育训练所获得的内在的、相对稳定的、长期发挥作用的身心特性及基本品质结构，通常又称为素养。由此可见，素质可以在后天环境、教育的影响下形成。

燕国材在《素质教育三题》中指出：人的素质就是人的本质、本性。认为：所谓素质，乃是人们的先天自然因素和后天社会因素的“合金”，亦即人们的一系列自然特点、知识技能、行为习惯、文化涵养、品质特征的有机结合。并把人的素质划分为三大类，即自然素质、心理素质和社会素质。同时，他认为，心理素质就是先天和后天的“合金”；而那种纯粹在适应与改造社会的过程中形成的素质，称为社会素质。20世纪80年代，西方哲学家、自然科学家曾就人的本质问题展开过讨论。1985年，民主德国《哲学研究》杂志发表了一篇文章《人是生物、心理、社会的统一体》，综合报道了专家在学术讨论上的发言。

王孝哲在《论人的素质及提高素质的基本途径》中认为：人的素质的主要特征有内在性、稳定性、整体性和社会历史性。现代人的素质在结构上可以划分为身体素质、心理素质、社会素质以及专业素质四个方面的素质。人的素质是动态的，是不断发展和提高的。张大均在《论人的素质》一文中指出，造成对素质概念理解出现混乱和分歧的一个重要原因是研究者对与素质概念理解密切相关的几对范畴存在较大认识分歧。如：先天与后天，发生与发展，动态与静态，结构与功能，内隐与外显等。再者，研究者从语义学、生理学、教育学、社会学、心理学和哲学等不同学科的角度对素质做出了不同的解释，同时这也为我们阐述素质带来了一定的难度。

综上所述，目前人们对人的素质的基本含义的一般认识概括起来有三点趋向较一致：素质是有机体（人）特有的；素质是人基本的、稳定的、内隐的特性（或品质）；素质形成的基本条件既包括先天生理基础，又离不开后天环境（含教育）的影响。而且大多数研究者都认同将素质划分为三类，即生理素质（自然素质、身体素质）、心理素质和社会素质。由此可见，素质主要是指有机体在先天生理基础上经后天环境和教育的作用，在社会实践活动中逐步形成并内化的个体相对稳定的综合的特征或品质。

三、对健康素质概念的诠释

对于什么是健康素质，人们也有不同的见解。胡涵锦认为，健康素质的科学范畴，是对身体素质、心理素质、生理素质、体能素质，以及心理健康、身体健康等众多类似概念的提炼，是集思广益、集体智慧的成果。汪晓阳等认为：“人口健康素质——是人口个体根据对健康科学文化知识及实践经验的掌握程度而对其自身和他人的身体健康状况实施健康指导、防病治病、身心健康等措施的综合保健能力。”即健康素质就是综合保健能力。陶建云提出，体能可分为两大类：与健康有关的体能和与动作技能有关的体能。与健康有关的体能也称健康素质。即健康素质就是体能。赵山明认为：狭义的健康素质就应当是指良好的稳定的身体功能状态。包括身体素质、心理素质和卫生素质。即健康素质就是身体功能状态。郭清提出：“健康素质从微观上讲是个体身体和心理的社会适应能力。”韩丹指出：“健康素质是指在人的生命活动中，为实现个人生命价值而应具备的趋利避害基本调控智能的效果、水平或势态。”认为健康素质包括身体素质、心理素质和社会角色素质。即健康素质就是一种调控智能的效果、水平或势态。而具有代表性的观点是杨国安提出的：“健康素质是一个国家或地区人群健康的综合反映。”即健康素质就是健康状况。将健康等同于健康素质，这可从众多学者讨论健康素质的观点中得到证明。笔者认为，这些认识中都有合理成分，但都未能全面深刻揭示健康素质的内涵。

从上述人们对健康和素质概念的界定来看，大多数学者是从生理、心理和社会三个方面来表述的。基于上述情况，董新光教授给我们指出了“健康素质”的科学定义过程。他提到，健康素质与健康、与身体的各种能力有着紧密的关系。人们之所以认为健康素质就是健康，是因为人们看到了健康素质和健康所包含的躯体、心理、社会要素之间存在关系。人之所以被称为人的原因：首先，人需要有一个人的躯壳、人的形体，否则如何表现人的存在，如何区别于其他动物，思想道德和科学文化素质如何表达、如何体现。躯体是人的物质载体、物质基础，是第一性的东西。其次，人作为高等智慧动物，在对外环境产生反应时，表现出比普通动物高级复杂得多的心理活动。人不只是一个躯壳，当人只剩下一个躯壳，像植物人一样生存时，人将不能被称为人。可见心理活动也是人的必不可少的“本来的性质”。最后，人的“本来的性质”必然表现在人的社会性中，表现在个体与他人的关系之中。在人类最初级的活动中就已表现了一个社会人的人际关系、社会角色和社会参与等诸多社会性品质。人的生存离不开这些社会性品质，这是人作为社会性动物自然选择的结果。躯体、心理、社会等方面的品质或特征是人的基础或初级的品质或特征，是维持人的生存的品质或特征。而思想道德和科学文化的品质或特征，则是建立在这个基础品质或特征之上的。

综上所述，可以认为健康素质就是人在躯体、心理、社会方面的素质。健康素质包括身体素质、心理素质、社会素质和综合素质或身体表现、心理表现、社会表现和综合表现。与此同时，我们必须指出，从部分到整体，健康素质又可分为个体健康素质和整体健康素质。个体健康素质是整体健康素质的前提和基础，没有个体的健康也就谈不上整体的健康。

第二节　公共体育服务体系与健康素质的内在关系

体育作为人类生活和发展的一个重要内容，与健康是紧密联系、不可分割的。作为一种文化形态，体育不仅是增强体质的手段，而且是促进健康最积极的一项人类社会实践过程。古希腊思想家亚里士多德的“生命在于运动”的名言，就深刻表明了运动对健康所起的重要作用。我国古代众多的养生手段表明，我们的祖先已经清楚地认识到体育活动对人体健康的好处。毛泽东同志在《体育之研究》中指出："体者，载知识之车而寓道德之舍也"，并在1950年做出了"健康第一"的指示。随着医学和体育锻炼理论与实践的不断发展，人类越来越认识到体育锻炼对增进健康的作用。现代科学证明，人体对自然和社会环境适应能力的获取与体育锻炼息息相关，而且人对环境的适应能力在相当程度上取决于体育锻炼。1994年，世界卫生组织和国际运动医学联合会召开的"健康促进与体育"国际会议提出："虽然个人健康的责任在很大程度上要由个人和家庭承担，但政府必须采取行动创造一个使公民形成和保持体育生活方式的社会和体育生活环境，使体育成为健康生活方式的基石。"

由于健康素质直接影响社会生产力，从而影响经济、社会发展，因此它被视为社会文明与进步的一个重要标志。对于社会个体来说，健康的体魄是工作和生活的基础，健康的心理是幸福快乐的保证。对于整个国家而言，全民族健康素质的提高，是综合国力增强的具体体现。1997年《中共中央、国务院关于卫生改革与发展的决定》中指出："人人享有卫生保健，全民族健康素质的不断提高，是社会主义现代化建设的重要目标，是人民生活质量改善的重要标志，是社会主义精神文明建设的重要内容，是经济和社会可持续发展的重要保障。"社会体育的发展规模与发展水平影响着社会总体进步的程度。社会体育肩负着增进国民健康的重要使命，是提高健康素质的重要手段。

一、公共体育服务体系与健康素质的目标一致性

如前所述，健康素质就是人在躯体、心理、社会方面的素质。健康素质的提高体现在躯体的体形、姿势、生长发育水平和各个器官系统结构和功能，走、跑、跳跃、攀爬等基本活动能力以及速度、力量、耐力、灵敏、

柔韧等基本身体能力的完善上；体现在人的精神方面，如感知、情感、思维、智力、意志、人格等心理素质的健全上；体现在人在社会交往过程中表现出来的品质，包括人际关系、社会角色、社会参与等的改善上；体现在对自然和社会的变化产生反应并做出正确的应对和适应的能力，对影响健康的不良刺激进行抵御和抗争的能力上。

人作为社会实践的主体，在其生存和发展的过程中，必然通过参与社会体育健身活动来调动生理、心理和社会等方面的综合素质，以期达到全面、可持续的健康发展。由此可见，健康的全面含义应包括三个方面：身体健康，心理健康，以及人与自然、人与社会的相互依存、和谐发展的良好社会适应性。这恰恰说明健康是健康素质追求的理想状态。

国民健康状况的总体水平对于一个国家的发展具有战略意义，无论是历史上还是在现实中各国政府都非常重视。发达国家从 20 世纪 70 年代就开始兴起社会体育的热潮。为了顺应国民健身需要，许多发达国家相继颁布了多种多样的法律、法规和推动社会体育发展的文件。正是在这种背景下，我国于 1995 年 6 月由国务院正式颁布了《全民健身计划纲要》。全民健身计划确定了到 2010 年应该达到的目标是：努力实现体育与国民经济和社会事业的协调发展，全面提高中华民族的体质与健康水平，基本建成具有中国特色的全民健身体系。为了实现这一奋斗目标，国家体育总局相继发布了《2001—2010 年体育改革与发展纲要》和《〈全民健身计划纲要〉第二期工程（2001—2010 年）规划》，对社会体育发展目标和任务做出了若干规定，并提出：要切实把工作重点放在增强人民体质这项基本任务上，把增强人民体质作为衡量体育工作的重要标准；在全面提高国民健康素质的情况下，国民体质主要指标在经济发达地区达到中等发达国家的平均水平，在经济欠发达地区达到发展中国家的平均水平。

为了提高全民族健康素质，形成比较完善的全民健身体系，国家在《“十一五”群众体育事业发展规划》中再一次明确表示，群众体育事业的发展规模和发展水平是体育事业发展规模和发展水平的基本标志。繁荣发展群众体育事业，不仅能满足人民日益增长的体育需求，增强人民体质，促进人的全面发展，而且对提高人民生活质量、促进社会主义和谐社会建设和社会全面进步、增强国家综合国力具有不可替代的作用。因此，推行全民健身计划，不但对提高国民健康素质有重大意义，而且将对我国全民健身事业的发展产生深远的影响。

由此可见，新时期体育目标的转移，是用提高健康素质的新目标来补充和完善过去提高身体素质的传统目标，把重心放在发挥体育对健康素质的有益促进作用上。而公共体育服务体系与健康素质的目标是一致的，都是提高人的身心健康水平，以提高全民族的健康素质。

二、以人为本是公共体育服务体系与健康素质共同追求的理念

党的十六大将提高全民族健康素质，构建全民健身体系确定为体育事业的奋斗目标，使全民健身事业发展第一次成为国家目标，成为“硬指标”。党的正式文件中第一次提及“健康素质”这个科学概念，无疑是对人的全面发展理论的重大创新。

健康素质不仅蕴含着人们心理、生理、体能等诸多方面的健康的含义，而且更为深刻的是，把健康从单纯的素质提升到与崇高的思想道德、先进的科学文化相提并论的高度，从单纯的生理学意义提升到与社会经济、政治、文化有机统一的高度。人是有思想感情的、具有“身”“心”两个方面功能的完整系统。从这个意义上说，健康素质概念的确立，进一步展示

了“人的本质是一切社会关系的总和”的马克思主义基本原理，也丰富和发展了人的素质的科学范畴，规范了人的全面发展作为一个综合概念的基本要求，集中体现了全面建设小康社会进程中人的全面发展的重要内容。

全民健身是促进国民素质提高、社会发展的重要途径。全民健身不仅具有健身性、娱乐性、余暇性和主动性，而且具有全民性、普遍性、多样性、灵活性和公益性等特点。从全民健身的这些特点不难看出，全民健身活动完全是以人的自由发展为目的，参与者可以因地、因时、因事制宜，采取灵活多样的方式和组织形式自由选择健身内容。

毋庸置疑，全民健身和以人为本指导思想的确立，标志着体育人文精神的回归；体育生活化必将代表目前乃至未来社会体育充满生机和希望的发展走向。同时，个人对全民健身的需要，与社会对全民健身的需要从本质上讲是一致的。全民健身事业作为一种人民群众亲自参与又有助于大众健康的伟大事业，必须充分满足每个社会成员生存、享受和发展的各种需要。为人民健康服务不仅是构建公共体育服务体系的出发点，也是构建公共体育服务体系的归宿。因此，在全面建成小康社会的进程中，要始终坚持以人为本的思想。

三、全民健身是增强体质、提高健康素质的主要途径

（一）全民健身有利于促进人体机能全面发展

人体运动的生物学规律表明，人体在运动时总是作为一个有机整体。人体在进行体育运动时，不仅运动器官在活动，而且心血管、泌尿、内分泌、感觉系统以及全身各器官都会发生相应的机能变化，在神经系统的指挥下，相互配合进行运动。由于体育运动能使人体各级机能得到全面增强，因此，体育是促进人体机能全面发展的最佳手段。

（二）全民健身有利于促进人的心理健康发展

体育锻炼对心理健康具有促进功能。参与体育健身活动，可以获得积极乐观的情绪体验，从而达到心情舒畅、精神愉快的效果；可以调节人的心理状态，使人朝气蓬勃、充满活力；可以使人得到心理上的满足，增强自信心和自豪感；有助于形成团结合作、助人为乐的精神面貌；还可以培养坚毅勇敢、拼搏进取、不屈不挠的良好品质和品格。季浏教授将体育健身可以促进人的心理健康概括为：提高唤醒水平，降低应激反应，改善情绪状态，提升智力水平，确立良好的自我概念，培养坚强的意志品质，消除疲劳，治疗心理疾病等等。

（三）全民健身有利于增强人的社会适应能力

现代社会的生活方式导致人与人之间缺少互动和交往，缺乏情感的交流。单调的工作使人感到寂寞、孤独、无聊，进而情绪不佳。家庭规模缩小使亲属间感情疏远，给人们带来许多困惑。现代社会竞争的激烈、压力的增大给人们带来许多新的挑战和不适。关于如何应对这些问题，人们可以在社会体育活动中寻找答案。在全民健身活动中，人们可以不受年龄、性别、财富、职业等条件的限制，在相互交流、切磋、学习、比赛的过程中扩大自身的活动领域。在频繁的接触中，人们可以传递技艺、交流情感、增进对彼此的了解。真实的情感流露能让人们缓解各种生活压力，体会到人际关系、社会关系的和谐。因此，参与体育健身活动是人们缓解各种压力、改善人际关系、增强社会适应能力的有效手段。

由上可见，全民健身不仅是促进健康的积极手段，而且是健心、增强社会适应能力的重要途径。全民健身承载着增强体质、增进健康、提高生活质量的重任。这是体育本质的反映，更是代表知识信息时代我国体育未来发展的主导方向。

四、健康素质概念的提出提升了全民健身在人的全面发展中的地位

21 世纪是一个比任何时候都需要体育运动和健康的世纪。随着健康素质概念的提出，人们对以往的发展观念做了深刻的反思，开始认识到发展的核心不在于物，而在于人和自然的和谐与协调发展，最终目的就是使人本身获得全面的发展。没有人的全面发展就没有社会的全面进步。社会发展的目标是以人为本，为人的发展提供条件，满足人的需求，促进人的素质的提高。人的素质既包括思想道德素质和科学文化素质，又包括健康素质，而健康体魄是“人的全面发展”所依附的基础。叔本华说，人的幸福起着首要作用，是属于人的主体的美好素质，包括高贵的品格、良好的智力、愉快的性情和健康良好的体魄——一句话，“健康的身体加上健康的心灵”。体育以其“强身、健心、乐群”的功效，被越来越多的人视为能全面提高自身健康水平，构建文明、科学、健康生活方式的重要手段。显然，全民健身是增强体质、提高全民族健康素质的主要途径。由此可见，全民健身在实现社会发展目标和实现人的全面发展中有着不可替代的地位和作用。如今，“花钱买健康”“全面奔小康，身体要健康”等观点已经被更多的人接受，推动全民健身事业的发展也就有了坚实的社会基础。

健康素质概念的提出，是对人的全面发展理论的重大创新。而全民健身始终坚持以人的自由发展为目的，倡导人们在身心健康、社会适应能力等方面的发展，提倡在尊重个体差异和公民自愿的基础上开展内容丰富、形式灵活的体育活动。保证和提升广大人民的健康水平，始终是全民健身事业的出发点和归宿。正是由于全民健身在人的全面发展中发挥的积极作用，其在全面建成小康社会中占有的地位和作用才更加突出。

第四章　公共服务体系的构建与公民体育权利的实现

随着我国法治化进程的加快，公民权利的范围日益扩大，内容更为丰富。在体育发展成全民参与的专门性社会活动的情况下，体育权利逐渐成为一项独立的权利，也是公民基本权利的一项具体内容。公民体育权利，并非依靠公民和一般组织履行相应的义务就可以完全实现，而是依赖于政府主体作用的发挥。如何实现公民的体育权利，一直是学术界探讨的问题，也是政府积极探索的方向。

公共体育服务体系是在人们对体育健身需求和对人的体育权利认识不断深入的基础上被提出的。要保证广大群众参与健身活动的权利，除了有优越的政治和经济制度的保障外，还必须加强全民健身事业的法律保障。由此可见，公民体育权利是公共体育服务体系的理论基点和终极目标，公共体育服务体系则是公民体育权利的实现方式和有效保障。

第一节　体育权利的渊源、含义及其意义

一、体育权利的渊源

公民的基本权利，是指人在法律上基本价值的权利，主要是通过宪法或其他宪法性文件加以规定的。1945 年《联合国宪章》表述中第一次出现“人权”概念。1948 年《世界人权宣言》提出人权的奋斗目标与具体内容。

后来国际社会又将人权扩展到文化、社会和经济等方面的权利。1966 年联合国大会通过的《国际人权公约》明确提出人人享有受教育、参加文化生活和达到心理健康以及最高体质标准等权利，为公民体育权利在国际法中的明确提议奠定了基础。1975 年欧洲理事会体育会议通过的《欧洲体育运动全员宪章》明确指出：每个人都有从事体育运动的权利。1978 年通过的《体育运动国际宪章》申明：参加体育运动是所有人的一项基本权利。1992 年《新欧洲体育宪章》也规定:任何人都有参加体育活动之权利。

在我国，虽然宪法没有直接提出体育权利，但在宪法中包含着丰富的体育权利内容，如第二十一条规定:“国家发展体育事业，开展群众性的体育活动，增强人民体质。”与此同时，我国的《国家体育锻炼标准施行办法》《学校体育工作条例》《全民健身计划纲要》《全民健身条例》等以及其他各类体育规章，都从不同的视角对公民的体育权利进行了阐述。

人权是人所应当享有的权利。从权利的理论来看，权利有三种形态，即应有权利、法定权利和现实权利。应有权利是人权的最初形态，而法定权利是对人权的立法保护的结果,现实权利是主体实际享有与行使的权利。健康权作为人身安全权的内容之一，也是一项独立具体的人格权。身体健康维护主要指公民有权维护自己的身体健康。保持身体健康，就是要使自己的健康状况保持完好的状态,通过各种体育活动来提高自己的健康水平。体育权利作为在一定的社会历史条件下，公民按其本质和尊严享有或应该享有的一项人权，显然已成为公民的一项基本权利。

人身安全权作为一项基本人权，其具体内容包括身体权和健康权，而维护健康权的方法就是公民对体育权利的诉求。可见，从人权到健康权再到体育权利，体现了公民体育权利从潜存阶段到表露阶段再到现实阶段的发展过程。

二、公民体育权利的基本含义

（一）公民体育权利概念的界定

按照权利的主体对体育活动的参与程度与亲和程度来看，张厚福教授将体育权利划分为普通公民的体育权利和体育劳动者的体育权利。按照体育权利的表现形式，于善旭教授将体育权利划分为明示的体育权利和推定的体育权利。按照体育法律关系的主体不同，有学者将体育权利划分为公民的体育权利、法人的体育权利和国家的体育权利三大类型。

多数学者对体育权利概念的界定还停留在抽象的体育需求的表述上，而不是从制度的角度对体育权利与体育制度的内在关系进行揭示。体育权利与体育制度的内在关系，首先表现为目的与手段的关系。公民体育权利的实现需要具体体育制度的保障。其次表现为嵌合关系。体育制度中嵌合了体育权利的理念，体育权利是体育制度的价值基础。体育权利不是抽象地要求增进身心健康状态的权利，而是对体育资源重新配置的主张。体育权利作为公民依据法律规定在社会体育活动中应享有的一项基本权利，由体育利益要素、体育资格要素、体育要求要素、体育技能要素以及体育自由要素等构成。当然，权利的实施应该具有相应的权利体系，因此，公民的体育权利也应当有较为完整的公民体育权利体系，使公民的体育权利明确化、具体化和可操作化。关于体育权利体系在内容上的逻辑构成，学术界也有不同的看法。

（二）公民体育权利的基本内容

由于构建公共体育服务体系的目标是通过提供体育健身公共体育产品和服务，使城乡居民享有基本均等的公共体育健身服务，使国民健康素质得到普遍提高，因此，本文以这个目标为主要出发点，认为公民基本的、主要的体育权利包含以下五个基本层面的内容。

1. 健康权

健康权既是一种基本人权，又是公民体育权利的核心。作为一种基本人权，健康权不因公民的社会身份、地位、民族、财产和实际能力的不同而受到歧视或侵害。于光远从国家发展战略的高度对公民的健康权进行了论述："生活方式、价值观和人的成长，是研究中国社会主义发展战略、研究中国式的现代化道路时必须重视的一些问题。

2. 体育活动参与权

体育活动参与权是指公民有权根据自己喜好和需求来参加健身活动，观看体育竞赛等活动。这是公民最基本的体育权利，任何个人、任何组织和单位都不得非法干涉和剥夺这种权利。公民有权根据自己的兴趣爱好、身体状况、职业特点以及地理环境、气候变化等自愿选择参加，以及选择项目、方法、时间、次数、强度等。如今，我国社会体育设施遍布城乡，全民健身活动蓬勃开展，全民健身组织化、制度化、科学化水平不断提高，这充分说明了目前人们参与全民健身活动有着广泛的社会基础。要实现广大人民群众的体育活动参与权，势必要最大限度地创造适合各种人群参与的体育活动的条件和环境，使广大人民群众能共同分享体育发展的成果。

3. 参与体育活动的平等权

参与体育活动的平等权，主要是指公民享有平等机会和平等待遇参与各项体育活动。这也是社会文明和进步的重要体现。我们从奥林匹克运动发展史及有关体育权利的文献中可以感受到"体育面前人人平等"。"体育权利中的资格要素与人的生存权利中的资格要素一样普遍。体育是大众的，作用于人的一生，体育权利伴随每个人的全部生命过程。”因此，国家在提供足够的公共体育产品和服务的同时，还要通过开展体育活动，使公民能够充分得到平等参与体育活动的权利。这就要求国家将更多公共体育资源向农村、贫困地区、基层尤其是农村基层倾斜，缩小城乡之间、区域之间全民健身事业发展的差距和体育健身公共服务的差距。

4. 体育教育权

体育教育权是指公民有根据的需要接受体育教育权利。也就是说，公民既可以通过学校或者其他形式获得体育技术能力、体育知识和信息，又可以为了提高自身的体育运动技术水平而接受技术训练、体育教育或专门指导。青少年和儿童的健康成长关系到国家的富强和民族的昌盛，要发动全社会来关心他们的体质和健康。各级各类学校应全面贯彻党的教育方针，努力做好学校的体育工作。要对学生进行终身体育的教育，培养学生体育锻炼的意识、技能与习惯。

5. 社会经济、文化方面的体育权利

社会经济、文化方面的体育权利主要包括体育社会保障权、体育信息权、体育对外交往权和从事体育职业权等。体育社会保障权是指政府、企事业单位等社会组织有义务向公民提供规定的体育场地、设施、经费、时间等必要的条件；倘若这些必要的条件不符合国家有关法律、法规规定，公民有权提出批评、建议。体育信息权又称体育知情权，是指公民有权获得本国乃至世界的体育发展状况、管理状况以及自身体质现状等有关信息。体育对外交往权是指公民有权按规定参加国际表演、竞赛、观摩考察、经营、学术研讨、报道等体育活动。而从事体育职业权是指公民有权选择从事体育表演、竞赛、经营、教学、科研等职业，并取得相应的劳动报酬，从组织的体育活动、兴办体育事业中获取利益。为了保障公民社会经济、文化方面的体育权利，国务院于2003年通过了《公共文化体育设施条例》。立法的主旨就是满足广大人民群众开展公共文化体育活动的基本要求，不断加强公共文化体育设施建设，促进公共文化体育设施的管理和保护，发挥公共文化体育设施的功能，推动文化体育事业的发展。

（三）公民体育权利的权利状态

权利具有丰富的历史内涵与属性，其本身是一个多层次、多环节的复杂体系，它的产生与实现，要经历若干阶段的具体过程。在这整个过程中，权利基本上采取三种存在形式：应有权利、法定权利、实有权利。应有体育权利是指作为人应该具备的基本体育权利。从本质意义上讲，应有体育权利是人的自然属性和社会属性的统一，是一个具体的体育权利。它包括体育人身权、体育经济权、体育文化生活权、体育政治权、体育安全权、体育自由权、体育教育权、体育交往权、体育知识产权、发展民族地区体育权利等。社会规范有道德规范、习惯规范、宗教规范、法律规范等，其中法律规范最具有权威性和强制性。所以，法定体育权利就是体现了一定社会意识的社会规范所确认和保护的公民体育权利，是对应有体育权利进行选择和整理，从而认定和分配并通过立法形成集中化、系统化的应有体育权利。实有体育权利是公民实际享有与行使的体育权利。

上述内容说明，应有体育权利既可通过法律的确认转化为法定体育权利，受到法律的保护，又可在不被法律确认的前提下客观存在。法定体育权利是应有体育权利向实有体育权利转化的中间环节，并且法定体育权利始终无法囊括应有体育权利的全部内容。在现实中，法定体育权利是公民体育权利的主要形态。如果说应有体育权利只是存在于一定的社会意识中的较抽象的权利，那么实有体育权利则是这种权利的具体化、现实化，是人们在实际生活中可以直接感受到的体育权利。由此可见，应有体育权利是构建公民体育权利的源泉和基础，实有体育权利是构建公民体育权利的参照标准。

综上所述，应有体育权利、法定体育权利和实有体育权利三者在转化过程中呈递减状态，这种递减状态与一定的社会制度、经济文化发展水平、民族传统、具体国情等有密切的联系。在转化过程中，法律通常只选择确认体育利益体系中的基本的、重要的且与社会生活具有关联性的利益作为法定体育权利。通常情况下，一个国家公民体育权利的实际状况如何，在很大程度上取决于该国的规范（尤指法律规范）对公民体育权利的确认和保护状况，取决于公民体育权利的广泛程度和真实程度。

三、公民体育权利提出的意义

随着体育成为全民参与的专门社会活动，体育权利也逐渐成为一项独立的权利。公民如何有效行使法律规定的体育权利，从而促进身心健康、人格的完善及全面发展，需要公民体育权利的充分实现。因此，公民体育权利的提出，具有长远的积极意义。

（一）实现公民体育权利是人的全面发展的必然要求

人的全面发展是马克思主义的一个基本观点。它是指人的自我意志获得自由体现，人的各种需要、潜能素质、个性获得最充分的发展，人的社会关系获得高度丰富等。体育在人的全面发展中具有不可替代的作用。体育活动可以增强人的体质，增强人的健康，增强人的社会适应能力，进而使人的身心得到全面协调发展。可见，公民体育权利的实现，对人的观念、道德、行为、习惯等均产生全面、深刻的影响，而且它与人的全面发展的终极目标是一致的——实现人类社会全面、和谐发展。

（二）实现公民体育权利有利于提高公民的个人健康素质和民族整体健康素质

当今世界的竞争归根结底是国民综合素质的竞争。一个国家要在激烈的世界竞争中处于有利地位，势必要全面提高国民综合素质。个体健康素质的高低决定了一个国家、民族的健康素质的高低。而且，公民的健康素质将直接影响社会生产力，从而影响经济、社会发展。对个体来说，健康的体魄是工作和生活的基础，健康的心理是幸福快乐的保证；对整个国家来说，全民族健康素质的明显提高，是综合国力增强的具体体现。而公民个人健康素质提高的主要途径是参与有效的体育活动。推行全民健身计划是实现公民体育权利的有效方式和重要保障。公民体育权利的实现过程，也是个体增强体质、全面发展、提高生活质量的需求不断被满足的过程。

（三）实现公民体育权利有利于提升我国物质文明、政治文明和精神文明建设

从社会的结构上来说，物质文明属于经济基础，政治文明和精神文明属于上层建筑。政治文明对物质文明和精神文明具有巨大的作用。三者存在交织、渗透和转化的情形。因此，在社会发展过程中，社会以一定的活动内容与方式满足社会成员物质需要和精神需要的进步过程，反映着人类物质文明和精神文明的进步过程。体育是人类在长期客观改造世界过程中所获得的精神文化财富。从广义上讲，体育属于精神文明的范畴。全民健身作为一种特殊性质的体育，是精神文明的重要组成部分，它在为社会主义精神文明建设营造良好的氛围，成为精神文明建设的重要手段。并且，体育事业与文化、科技、教育等事业的发展规模和发展水平共同反映了一个国家精神文明的发展状况。政府和社会提供的体育产品、服务越丰富，

就越能满足人民群众的体质需求和健康需求，同时也能满足人民群众的体育精神需求。毛泽东在《体育之研究》中提到的“文明其精神，野蛮其体魄”，就充分说明了精神文明和体魄健康之间的密切联系。

（四）明确公民体育权利有利于推动我国体育法制建设进程

随着我国法治化进程的加快，公民权利的范围日益扩大，内容愈来愈丰富；体育权利逐渐成为公民参与体育活动的一项特定权利，也成为公民基本权利的一项具体内容。公民体育权利的确立有利于推动我国体育法制建设进程。如：20世纪90年代中期《全民健身计划纲要》（以下简称《纲要》）的应运而生就是政府对公民体育权利诉求的回答；2009年《全民健身条例》（以下简称《条例》）的颁布也是历史的必然，这既反映了国家对发展全民健身事业和增进人民体质健康的高度重视与关怀，又“表现出国家推进以全民健身为代表的公共体育服务所进行的制度安排和法律保障”。“从《纲要》到《条例》，不仅获得立法形式的延续和提升，而且在制度安排的内容结构上既包含了总结继承又体现了发展创新，为我国全民健身公共服务在既有基础上不断取得新的进步注入前进的动力和保障。”

（五）倡导公民体育权利有利于现代政府公共行政管理理念的贯彻

政府可将社会力量能够处理的公共事务让社会力量来解决，而把主要精力用在为社会提供更多更好的公共服务上，建设公共服务型政府。实现公民体育权利是政府贯彻现代公共行政管理理念的必然要求，关系到政府管理的终极目标和根本价值选择。在法治政府的模式理论中，服务是政府最核心的理念，也是政府行为的主要依据。政府管理的本质是保障公民的权利，为公民和社会更好地服务，以得到公民、社会的拥护。这就要求政府必须从办体育型向管理服务型转变，强化宏观调控能力，弱化体育微观管理，将自己的管理行为严格地限制在制定规则和实施监督范围内，为体育事业发展创造良好的制度环境，为社会提供稳定而有保障的公共体育产品和服务。

第二节　构建公共体育服务体系与公民体育权利的实现

一、公民体育权利实现存在的主要问题及其原因

影响我国公民体育权利实现的主要原因既有社会因素，又有个体因素。社会因素主要有经济发展水平、体育法律法规、现有的体育管理体制等，引发出公民体育权利实现的平等问题和充分实现问题；个体因素如公民自身的体育权利意识、经济状况、文化水平以及闲暇时间等。下面从以下三个方面进行详细分析。

（一）公民体育权利实现的平等问题

公民体育权利实现的平等问题主要指公民有平等参与体育活动的权利，不受任何差别对待，更不受歧视和排斥。它包括机会的平等和待遇的平等，即平等参加体育活动和平等使用参加体育活动所需要的场地、设施、器材以及健身指导等。虽然国家极为重视公民体育权利，并先后两次立法对其进行保护，但现阶段我国体育权利的分配仍然存在不平等现象。这是由于经济、教育、文化、地理环境等多方面因素综合作用所致。主要表现如下：

首先是地区之间以及城乡之间的不平等。中国地区发展不平衡是显而

易见的。之所以发展不平衡，是因为既有自然条件和历史沿革的因素，也有政策调控的缘由。一方面，由于我国地区差距较大，提供同等使用价值的公共体育服务，所面临的成本是不一样的，尤其在东西部之间成本差距更大。因此，在均等化推进过程中，政府应当制定全民健身公共体育服务的最低标准，在确保均等化目标的实现的同时，保证实现均等化目标的资金供给，即通过财力转移支付解决发展不平衡的问题。另一方面，这种不平衡导致东、西部地区之间的经济文化发展存在巨大差距，影响了公共体育资源配置平衡，致使在经济欠发达地区的全民健身设施严重缺乏、体育服务能力薄弱，也导致了城乡全民健身公共服务存在显著差别。城乡均等是全民健身公共服务均等化的重中之重，消除城乡差别成为构建比较完善的公共体育服务体系的核心目标之一；也就是说，在新型城镇化建设不断推进过程中城市与农村的基本公共体育设施标准、人员配备标准等不能再有所差别。

体育设施的分布不合理。即使在同一个城市、同一乡镇，体育行政部门对公共体育资源配置不合理，也会造成有的地方健身设施条件充裕，有的地方健身设施不足，有的地方组织、指导健身活动井然有序，有的地方健身活动却寥寥无几，使公民之间体育权利的实现存在不公现象。比如，随着城市的新区建设不断推进，新区的公共设施不断完善，而相对于新区建设，老城区存在着规划不合理或跟不上社会发展节奏等问题，而且老城区人口密度大，公共场地等稀缺，这就造成了新老城区公共体育设施分布不均，公民体育权利的平等也就很难保障。

（二）公民体育权利的充分实现问题

完善和发达的健身设施是公民进行健身活动的前提条件。我国人均体育场地、人均体育消费和经常参加体育活动的人数还处在较低水平，尤其是城乡居民身边的公共体育健身设施严重缺乏，基层体育服务能力薄弱。除此之外，居民在体育锻炼过程中存在缺乏有效的科学指导、体育锻炼消费结构不合理等问题，且城乡差异和区域差异依然存在。由此可见，我国公民体育权利就整体性而言没有得到充分的实现。这就要求政府发挥宏观调控作用，缩小城乡之间、区域之间的全民健身事业发展差距和体育健身公共服务差距。

（三）公民自身的体育权利意识、经济状况、文化水平以及闲暇时间

公民自身的体育权利意识、经济状况、文化水平以及闲暇时间等也是制约公民体育权利实现的主要原因。胡科认为：体育权利的实现更要依赖权利主体依据法律所做出的一种权利主张，它的产生是以权利主体完全的体育权利信息掌握为基础。只有完全了解体育权利的相关知识，体育权利主体才可能形成正确的体育权利意识并积极主动地追求合法的体育权利。一旦他们的权利受到侵害，会勇敢地运用法律武器来维护自己的体育权利。然而，在体育发展实践中，我国公民的体育权利意识不可避免地存在不足和缺失，对权利保障意识的淡薄导致公民体育权利被忽视甚至遭践踏的现象随处可见。由此可见，公民体育权利意识的缺失，成为阻碍体育权利实现的又一个重要原因。

公民健身运动与公民的经济状况也紧密联系。只有社会经济水平发展到一定程度，广大人民群众的经济收入和生活水平提高了，人们才会产生强烈的强身健体的愿望和内在需求，才会有足够的经济能力进行体育健身等方面的消费。

公民参与体育健身活动还受到自身文化教育程度的影响。文化教育是影响体育人口发展的重要因素，对社会体育的发展起着基础作用，因为文

化教育可以增加受教育者对科学、文明、健康生活方式的认识，使受教育者树立正确的体育健身观念，掌握体育健身的知识和技能，养成体育健身习惯。研究表明，文化程度较高的公民参加体育锻炼的频率相对较高。这或许与公民对体育健身的认识有关，而公民对体育健身的认识又受到文化程度的影响，文化程度高的公民对体育的关注度也较高。

当然，公民参与体育健身活动必须有一定的闲暇时间。如何引导广大人民群众健康、科学、积极地生活成为越来越受社会关注的问题。马惠娣在《闲暇时间与“以人为本”的科学发展观》中论述：所谓闲暇时间，即“非劳动时间”，是人们在履行社会责任及各种生活时间支出后，由个人自由支配的时间。胡志坚等人更是直言不讳地指出：闲暇时间不仅是个体自由支配的时间，更是每个社会成员全面发展自我的基本保障条件。它是衡量一个社会文明程度的重要纬度和检验人生活方式与生活质量的标准。科学、健康、文明地分配闲暇时间，将代表一种新的生活方式和新的价值观。

目前我国整个社会对闲暇时间的价值缺乏正确的认知，导致闲暇时间的利用空间狭小。因此，要加强对社会成员的休闲教育，引导更多民众加入休闲健身之中；同时，从法律上应确保公民在工作或学习等生产劳动之外有充足的自由时间进行体育运动，任何单位和个人不得以任何理由、任何方式挤占或剥夺公民的自由支配时间。

二、公民体育权利实现的基本条件

（一）实现公民体育权利的经济条件

体育权利作为权利的一种，实现和保护也需要一定的经济成本，这些成本除了政府的财政支出外，还有公民的个人支出。因此，实现公民体育权利的经济条件，就是指根据公民体育权利的需要提供体育产品和服务所必备的经济基础，它不但包括国家整体的经济发展水平，而且涵盖公民个人的经济能力。

从法理角度分析，法不是纯主观的产物，是以物质文明为基础并为物质文明服务的上层建筑，是一定的客观经济基础的反映，离开一定的经济基础的法实际上是不存在的。保护权利的基础是有良好的法制建设，权利只有从道德的虚空进入法定的真实时，才能被人们切实感受，而一旦进入法定层面，权利的实现就需要有经济成本。而且，不可否认，权利保护质量与程度依赖于公共成本，也依赖于私人支出。因此，在史蒂芬的语境中，权利成本的来源分为两个主要部分：一部分为政府的财政支出，这部分成本主要用于提供公民权利所需要的公共产品和公共服务；另一部分是公民的个人支出，主要指个体为了更好地实现自己的权利所付出的那部分成本。公民体育权利的保护和实现也需要一定的经济成本，与政治权利相比更依赖于经济基础。

从社会发展规律来看，物质生活的生产方式制约着整个社会生活、政治生活和精神生活。经济系统是社会的基础和决定力量，经济发展作为社会发展的重要物质基础，同时也是社会发展的重要途径。如果没有经济的发展，特别是没有经济与社会的协调发展，构建和谐社会很可能就会成为一种没有根基的空想。同样，发展体育事业必须与国家的经济发展相协调。社会的物质生产水平从根本上决定着体育事业发展的规模和速度，也决定着体育事业内部的结构和比例。公民实现体育权利的前提与基础是公共体育事业的发达、公共体育物品供给充足和服务完善。而且构建公共体育服务体系的核心目标之一就是要最大限度地向公民提供足够多、水平足够高的公共体育产品和服务，不断满足广大人民群众对健身运动日益增长的需求，让全体国民真正享有基本均等的公共体育服务。改革开放以来，我国经济有了空前的发展，社会生产力得到了极大解放，综合国力明显增强，城乡人民生活水平显著提高，这为实现公民体育权利提供了基本的物质保障。

但是，需要特别指出的是，政府财政支出是用来支付体育权利的社会化消费，提供公共体育物品和服务；公民私人支出主要用于实现个体权力的体育权利，这部分私人支出成本会转化为体育权利实现程度上的差异。公民体育权利的实现首先要实现集体的体育权利，进而逐步拓展到实现不同层次社会成员的体育权利。

（二）实现公民体育权利的政治条件

在公民体育权利实现过程中，国际社会、国家、区域所提供的政治环境统称为实现公民体育权利的政治条件。具体地讲，它包括国家的义务、出台的政策，区域、国家与国际社会之间达成的共识和形成的法律约定等。然而对一个国家或地区而言，民主与法制的建立是实现公民体育权利的重要保证。

首先，国家的权力是公民赋予的，所以国家有责任保护公民的各项权利。国家一方面要将体育发展战略纳入国家的大战略之中，将全民健身事业纳入政府发展规划，加大对全民健身事业的资金投入；另一方面要深化体育体制改革，高度重视体育产业的发展，形成政府、社会和市场共同发展全民健身事业的格局。另外，国家还要注重保护和实现个人的体育权利。国家应有效运用权力和实际履行保障公民体育权利的职责，防止公民合法的体育权利被剥夺和侵害，推动我国体育事业良性发展。

其次，民主制度决定着法律制度的性质，法律制度的实现依赖于民主制度的建立和完善。民主是法制的前提和政治的基础，法制又是民主的体现和保障。然而，权利的法律保障是一个复杂的体系，它涉及立法、司法、执法、守法等诸多方面。《中华人民共和国宪法》《中华人民共和国体育法》以及《全民健身条例》等都为我国体育事业的长期发展起到了巨大的推动作用，也为公民切实享受体育权利提供了法律依据。但是，纵观我国体育法制总体情况，体育权利保障一直是一个被忽视的问题，其实在执行上并未得到法律和制度的保证。作为保障公民体育权利实现的主要法律，《中华人民共和国体育法》也并未系统、明确地规定公民享有哪些体育权利。因此，越来越多的体育实践工作者和体育法学者呼吁，要加强配套法律体系的建设，使对公民合法的体育权利的保障落到实处。

最后，建设社会主义法治国家，本质上在于维护和实现人民权利，而人民权利的维护和实现，有赖于政府权力的依法行使。法治意味着法律在社会调整体系中具有最高的地位，法律实现了对社会生活和社会关系基本领域的全面控制和调整；意味着任何人和任何组织都没有超越宪法和法律的特权，任何个人、任何组织都在法律之下。可见，法律是人类行为的一种秩序，并且是一种强制秩序。法律秩序表现为社会生活的基本方面已经实现法律化和制度化，社会成员和社会组织都有明确的权利和义务，每个法律主体都忠实地履行法定的义务，积极而正确地行使和维护法定权利。体育法律秩序建立的过程，就是公民体育权利实现的过程。体育法律秩序是衡量体育公共服务法治水平、质量和规模的重要尺度。体育法律秩序的整合、稳定程度越高，标志着体育公共服务管理体制和运行机制越趋于合理。可见，体育法律秩序的建立程度直接影响到公民体育权利实现的程度。也只有稳定的体育法律秩序和真正依法治体的制度，才能保障公民体育权利的实现。

（三）实现公民体育权利的社会条件

实现公民体育权利的社会条件是在公民体育权利实现过程中，社会力量积极参与和有效作为。社会体育是一项涉及千家万户和关系亿万参加者健康问题的事业，各国政府都十分重视对社会体育事业的发展。除政府对健身事业的直接投资、拨款外，欧美发达国家还通过多种渠道制定各种优惠政策、措施鼓励社会力量参与体育产业的经营开发，为体育健身运动发展提供便利。

我国在借鉴国外筹集社会资金投入体育公共事业的经验时应从实际出发，在以政府投入为主的前提下，用行政、政策、经济等多种手段，加大对体育公共事业的投入，进一步推动体育公共事业社会化发展。而且政府有必要制定一些优惠政策，如对投资从事健身经营的非营利性组织或营利性企业给予减免税政策和优惠的贷款政策，以较低的利息和较少的抵押发放贷款，在土地使用上放宽政策等。除政府这一政治中的主要行为主体外，还存在着大量的社会力量构成的非政府行为主体，其中最主要的就是社会团体。由于社会团体是个人利益正当化的一种途径和实现的主要方式之一，在实现公民体育权利的过程中，它们作为政府之外的辅助力量发挥着重要的作用。

同时，社会团体是作为最贴近人民的方式灵活的代表民意、反映民心的行动主体，能够发挥在社会领域和政治领域、经济领域之间的沟通作用，也是党和政府联系人民群众的桥梁和纽带。社会团体既可以满足群体成员的特定需要，又可以将特定群体的需求反馈给政府，为政府的决策提供参考和提出建议。社会团体不仅能为体育事业提供大量资金支持，更重要的是还在权利保障与权力制约中发挥着重要的作用。

（四）实现公民体育权利的思想条件

实现公民体育权利的思想条件是指在实现公民体育权利的过程中，国家整体和公民个体所应具有的心理准备和知识准备，主要是指公民体育权利意识和政府的“权力意识”。政府为实现公民体育权利提供了公共体育产品和服务，而这种公共体育产品和服务的水平、质量的高低，取决于一个有限政府、服务政府和责任政府的“权力意识”。

除了有政府的“权力意识”做保障外，公民还要有体育权利意识。而且，与公民的政治权利、经济权利和文化权利相比，公民体育权利的实现更依赖于公民体育权利意识。公民体育权利意识不是自发形成的，只有通过有意识的教育、宣传、培养等积极的方式来引导，才能使公民的意识从体育权利心理阶段上升到体育权利意识阶段。

这就需要培养和增强公民的体育法律、权利意识，使广大人民群众认识到体育法律规范是自身意志和利益的体现，意识到维护体育权利的重要性。如果公民没有体育权利意识，不积极争取自身的体育权利，即使国家的经济再发达，有关体育权利的立法再完善，国家和社会组织为实现公民体育权利付出再多的努力，对公民体育权利的保护和实现也无从谈起。

综上所述，公民体育权利的实现需要国家通过建立和健全法制等法律手段来保证。将公共体育事业发展战略纳入国家的发展战略中，在注重保护和实现个人的体育权利的同时，高度重视社会力量参与公共体育产业的发展建设。对于公民体育权利的诉求，政府必须建立良性应答机制。政府和公民个体在实现公民体育权利的过程中，应具有心理准备和知识准备，即政府的“权力意识”和公民体育权利意识。加强对公民的普法教育，增强公民体育权利意识，是实现公民体育权利的思想基础，也是实现公民体育权利的有力保障。

第三节　公共体育服务体系构建与公民参与

公共体育服务体系的核心功能就是为国民提供公共体育产品和公共体育服务。国民的积极有效参与和满意程度是衡量公共体育服务体系是否有效和成功的重要标准。公民参与公共体育服务体系构建是实现公民体育权利的方式和有效途径，它不仅有助于公民表达自己的体育需求，还是公民自我教育的重要方式和公民增强能力的重要手段。所谓公民参与，就是公民个人或公民团体通过各种有效的途径，直接介入他们切身利益的政府制定公共政策的过程，充分表达自己的意愿，从而对政府公共决策产生积极而有效的影响。具体地说，公民参与是一种公民权力的运用，是一种权力的分配，使目前在政治、经济等活动中，无法掌握权力的民众，其意见在未来能有计划地被考虑。

一、公民参与公共体育服务体系构建的必要性探析

（一）公民参与是实现公共体育政策民主化、科学化的表现形式

通过合法和有效的公民参与，体育公共服务人员才能充分有效及时地洞悉公众的利益诉求，进而最终达到体育公共服务的目的。政府与社会、政府与公民的沟通本来就需要广开言路。增强公民的话语权，让公民积极参与政府的决策，充分体现了公共政策以实现和维护社会民主为价值取向。

（二）公民参与是公民体育权利的重要内容

我国宪法第二条就明确规定："中华人民共和国的一切权力属于人民。……人民依照法律规定，通过各种途径和形式，管理国家事务，管理

经济和文化事业，管理社会事务。”既然宪法赋予公民管理国家和公共事务的权利，公民又依法委托政府实施公共管理，那么政府的责任，首先是根据公民需求实施有效的公共体育管理，其次是通过具体的制度设计确保公众参与权的实现，使公众能够通过自身或公民社会团体合法地参与公共体育政策的制定过程，最后让公民的体育生活意愿在公共体育政策中得以体现。

（三）公民参与是实现民主和维护公民体育利益的重要工具

公民通过自身或公民社会团体合法地参与公共体育政策的制定和执行过程，使自己的主张和利益诉求在政府的立法和行政决策过程中得以体现，从而实现自己的民主权利和保护自身的体育利益。公民合法有效地参与公共体育政策制定及管理，不仅能使自身的利益诉求在政策执行过程中得以体现，维护切身的权益，而且可以增加政府决策管理的透明度，提高决策的科学性和民主性，增进公民与政府之间的和谐关系。

三、公民参与公共体育服务体系构建的可行性探析

公民参与的发展需要一定的环境与之相适应。体育公共服务是一定时期与一定社会成员共同利益相关的社会性事物，体现了社会成员的普遍需求。

（一）制度维度

随着人民生活水平的不断提高，全民健身运动得到了国家的重视。《全民健身计划纲要》的实施和《全民健身条例》的施行，反映了国家对发展全民健身事业和增进人民体质健康的高度重视和国家推进以全民健身为代表的公共体育服务所进行的制度安排。

全民健身公共服务是政府推动型的公共服务之一。公民参与公共体育政策的制定和管理主要依靠的是自上而下的行政力量。为了全面推进公共体育事业的发展，各级地方政府在调整公共财政支出结构时，加大对全民健身事业的投入，会有意识地吸纳公众的意见，以向民众提供更好的公共体育产品和服务。政府在实践中应不断完善公民参与的制度和法律法规，规范操作性强的程序和规定，为公民提供一个畅通的利益诉求表达渠道。

（二）主体维度

从理论上讲，公民参与是每个公民应有的权利，而在实际参与过程中，公民参与是由公民自身的能力结构决定的。公民在参与公共体育服务体系构建的过程中，首先要具备沟通能力，因为参与过程是与各方沟通交流的过程。其次要具备理解能力，只有具有良好的理解能力，才会更好地理解构建公共体育服务体系的整体价值取向。再次要有学习能力，参与过程需要公民具备学习能力，有主动学习的意识。当然，公民的能力结构远不止这些，公民参与的过程应该是个人能力综合体现的过程。

除了公民自身的能力结构外，公民参与还需要人民的知识结构和意识结构。因为公共体育服务体系的构建是一个涉及多个学科、涵盖多个领域的制度性建设过程。因此，在公共体育服务体系构建过程中引入公民参与，势必要求公民具有相关的知识储备。当然，参与公共体育服务体系构建应当是公民发自内心的愿望，而不是公民为了“跟风、获利”才实施的行动。

我国体育领域中各种社会自主意识和发展力量滋生与崛起，正在成为体育民主化和法治化发展的重要动力。随着经济社会的发展和人民生活方式的变化，人们对全民健身运动的认识进一步加强，健身活动设施的建设也得到了快速发展。

（三）技术维度

随着政府转型和建构公共服务型政府的提出，各级政府在加强公民参与公共政策制定方面进行了积极的探索，公民参与的途径得到了开辟和拓宽，公民参与的内容有了实质性的变化。公民可以通过公民听证会、信访制度、社团活动、政党活动、公众接待日、热线电话等多种渠道随时随地了解政策信息，也可以通过网络实现与政府的双向互动。

然而，公民参与除了需要具备有效的信息传递渠道、有意义的政策效应、弹性化的参与方式、政府积极回应公民健身需求等条件外，在实际的参与过程中所采用的参与方式、参与时机也同样重要。我们所说的技术，不仅指科学技术，还指在公民参与过程中所采取的应对措施。公民参与公共体育服务体系构建是否符合社会成员的需求，是否能够推动全民健身事业全面发展，都是公民参与公共体育服务体系构建的反映。

在公共体育服务体系的构建过程中，广泛却不适宜的公民参与势必会影响体系构建的效率。这就需要服务型政府认真分析哪些进程适宜公民积极参与，哪些进程应该让公民适当参与，并划分出适宜的参与形式，而这些都体现出相当高的技术难度。因此，政府有必要对全民健身政策问题进行分析，归纳出更加适合公民参与的范围和方式。

四、公民参与公共体育服务体系构建的路径选择

在体育领域中，尤其是在公共体育方面，政府的公共体育政策的制定和执行应以公共性为基础，以公共利益的最大化为着力点，通过公民广泛的参与来保证公共选择最优化。让公民参与到公共体育服务体系的构建中，既是实现公民权利的重要内容，也是对政府自身提出的新要求。

（一）公民参与的宏观条件

首先，从参与主体方面看，公民体育参与意识的高低和能力的强弱直接影响政府的民主决策、民主管理、民主监督和民主评价的科学化和民主化程度。要培养和提高公民对全民健身决策的兴趣和关注度，政府应创造条件使每个人有平等参与全民健身决策的机会；同时，社会要形成公民普遍参与的外部环境，使民众习惯参与公共体育事务。当涉及高度专业性全民健身政策法规的制定、公共体育资源的合理布局、体育产业的发展及体育长期发展规划等问题时，政府要考虑到专业人员与公民之间的平衡互动，应与民众保持理性的态度及目标的一致性，还要关注不同民众层次的参与比例和参与人数。

其次，公民参与权在法律上的存在，并不意味着这种权利在事实上能够实现。公民参与权只有在参与权保障制度健全的情况下，才有实现的可能性。要保证公民参与的长期成效，最好的方法莫过于在决策中使公民参与制度化。在公民参与制度建设方面，政府必须制定有效的决策过程、公平的执行程序、完整的民众参与制度。现代社会的重要特征就是公民利益的维护和实现必须依靠合法的程序和制度。这不仅适用于体育事务，也适用于其他公共事务。公民参与制度的建立须从组织设计和法律两个方面同时进行；就是对公民参与的内容、方式、途径做出明确的规定，使其程序具体化、可操作化，并以法律的形式固定下来，做到有法可依，形成公民参与的制度化、规范化、程序化模式；换言之，就是要全面审视相关法规，构建公民参与的有效机制，确保公民参与的合法性，同时以有利于公民参与为出发点，设计一个开放、弹性的组织结构。

最后，为了确保为民众、为社会提供高水平的公共体育产品和高质量的公共体育服务体系，政府必须建立结构合理、配置科学、程序严密、制约有效的公共体育权力运行机制，建立一套完整的权力监督体系，加强对体育行政部门的监督和制约，确保参与公共决策的公民能够充分表达自身的利益诉求，使公共体育资源得到合理、优化，促进全民健身事业良性发展。

（二）公民参与的具体路径

在以往公民参与的实践中，涌现出了大量可供选择的技术方法。这些方法随着沟通技术的进步得到了强有力的发展。总的来说，参与技术的设计主要分为两类：一类是在互动中，以获取公民对政策的认可和接受为目的，赋予公民一定的影响权力，如公民听证、公民会议、参加咨询委员会、协商和斡旋等；另一类是仅仅以获取信息为目的的公民参与技术，如关键公众接触、由公民发起的接触、公民调查、新的通信技术等。

1. 公民听证

公民听证是现代民主社会普遍推行的用于保证各方利益主体平等参与公共政策制定的方法，简而言之，就是指在涉及公共体育利益问题决策时，公开召开会议，由体育专家、体育行政人员、利益代表和具有代表性的普通民众共同分析问题、探讨解决方式等，以保证决策更具有代表性、合理性与可行性。例如，政府投资的重大公共体育项目（如公共体育场馆的建设、全民健身中心的选址等）在规划、建设之前，体育行政部门主动或依申请召集有关专家、民众举行会议进行探讨和论证，获取他们的意见和建议，为最终决策提供依据。

举行听证会的目的是获取信息、提供咨询、参与决策或者是三种目的的组合，因此要保证公民参与的深度和广度。由于大部分公民很难在工作日参加公民听证会，所以，体育行政部门应安排好合适的时间和地点，以便吸引有兴趣的公民参与会议；还应保证听证会的参与者具有相关公众的代表性，这将对保证决策具有代表性、合理性与可行性起到重要作用。只有保证公民参与的深度和广度，政策规划者才不会被误导。

2. 参加咨询委员会

在参加咨询委员会这项参与技术中，各个利益相关群体或组织的代表加入咨询委员会中，在关乎公共体育发展的重大事项的决策中起调研论证、研究评估的作用，为体育行政部门管理者做决策提供咨询及建议。可见，咨询委员会实际上由参与其中的利益集团的代表组成，即公民参与的人员限于代表较大的公众群体利益的少数个人。咨询委员会具有以下几个优点：一是在某个政策问题决策存在多个利益相关团体时，相比其他方法而言，它的作用可以得到淋漓尽致的发挥，能够很快地做出决策；二是获得咨询委员会参与资格的荣誉感，会激励参与者从更广大的团体利益上考虑问题，而不是仅仅代表某一特殊团体，这样就促成了基于公共利益的决策制定；三是咨询委员会上述两个优势暗示了它是使某项决策被公民接受的一种极佳的工具，有利于提高政府的公信力，改善政府与公众之间的关系。

当然，参加咨询委员会的成员在多大程度上代表民意，是管理者在实际工作中要认真考虑的问题。如果咨询委员会的代表性遭到质疑，那么就可能有一个或更多的公民团体反对咨询委员会做出的任何决策。如果咨询委员会的决定得不到公众认可，就违背了创立咨询委员会的初衷。因此，只有增强参与者的公民责任感，让其更好地扮演表达广泛意见的角色，而不是追求狭隘的私益，才有助于有效决策的制定。

3. 公民调查、网上征求意见

公民调查即民意调查，依赖于一定的科学抽样。运用访问或调查问卷搜集公民对公共体育政策或其他相关问题的意见及建议，有助于政府掌握一定范围内公众的普遍意愿，有利于政府做出合理的决策或战略调整。网上征求意见是指通过互联网将全民健身事项的具体情况向社会公布，征求公民的意见与建议。这两种参与方法的本质是相同的，都属于着眼于了解民意的参与方式。这类方法对公共体育决策的执行效果的评估十分适用。

在实际工作中，公民调查最好是在对相关人口随机抽样的基础上进行，这样调查才有可能提供一些有代表性的观点。譬如为了监督政府推广全民健身，民间社团可以采用问卷调查形式来评定民众对全民健身的感受。通过公民调查，体育公共服务提供者可以逐渐建立自身与使用者之间的对话，并最终获得体育行政部门管理者的积极反应，从而促进体育公共服务体系的不断完善。这既有利于政府改进、提高服务水平，为公众提供更为有效的公共体育产品与服务，又能真正满足公民的体育需求。

4. 关键公众接触

关键公众接触是指体育行政部门管理者向相关公民中的一小部分个体——关键公众的征询建议，并与其进行磋商，听取其建议。这些关键公众通常是体育界的学术专家、社会公众人物、直接实践者或体育社会团体的领导者。

这是一种有限参与方式，参与者仅限于关键性的人物。在具体运作上，体育行政部门管理者既可以通过召开小型的专家论证会，直接听取专家学者和实践者对已颁布或即将颁布的公共体育政策、全民健身计划实施方案的意见和建议，也可以通过调查研究的方式汇集不同关键公众的意见及建议，以便进一步改进工作。当然，关键公众也可以是人大代表或政协委员，他们通过在相应的会议上审议政府报告和规划、提出议案等方式来实现参与。

然而，关键公众接触容易让管理者只听到少数精英的声音而忽视大多数人的意见。因此，为了避免该方法在代表性方面的缺陷，在实际操作中还应该寻找一些其他人员，并积极与之讨论，使公民参与富有代表性。

尽管在决策过程的各个环节中，向关键公众征询意见、建议具有十分积极的作用，但人们对这种方法的效果心存疑虑，使得管理者不敢仅凭关键公众的意见就贸然采取行动。因此，关键公众很少在公民参与中被单独使用，往往与其他公民参与技术整合使用。

5. 由公民发起的接触

由公民发起的接触是指公民自发与政府体育行政部门联系，要求政府提供某项体育公共服务，表达对某项体育公共服务、某个体育行政服务机构的不满，或提出其他一些要求和意见。通常情况下，公民需求能够在极短的时间里得到具体的回应。由于公民发起的接触一般针对特定的公民体育问题，如社会团体、企业或个人参与休闲、娱乐和健身体育项目的经营及体育市场的管理等问题，因此政府需要提供相关法律法规的答疑服务、政策倾斜、资金借贷、税收支持等。与关键公众接触相比，由公民发起的接触反映着较大范围公民的意见，但也有其不足之处，即公民接触反映了很多人的意见，可能并不反映大多数人的意见。

6. 协商和斡旋

在实践中，当遇到一些难以解决的公共体育政策问题，用上述任何一种参与技术都无法收效时，人们会采用协商和斡旋的方式。在协商中，第三方通过调停，在争议者之间找寻冲突解决方案。而斡旋手段作为一种参与途径，可以被广泛地应用到公共体育政策议程中。例如，政府在制定全民健身发展空间规划或全民健身服务产业发展规划过程中，势必将遇到各个利益集团之间的冲突，这就需要多方协商和斡旋，共同解决问题。

总之，公民参与的方式很多。影响力的最弱端是公民听证会（或信息发布会），这种参与形式只允许公民询问公共体育政策变革内容，但是公民几乎没有机会影响公共体育政策。影响力的最强端是正式的对话环境，公民对重要的公共体育政策议题及拥有法定策权的理事会和委员会产生实质性的影响。可见，并不是所有的公民参与方式都是合适的。在具体的体育工作中，选择合适的公民参与途径通常要按照一定的原则来进行：倘若一个公共体育政策问题需要提高公众对政策的接受度，那么一般倾向于采用社会参与程度较高的决策途径；倘若一个问题需要考虑质量问题，那么一般倾向于采用社会参与程度较低的决策途径。在实际操作中，多种公民参与技术往往整合使用。在合理规划和科学管理的基础上，公民的积极参与可以提高全民健身的有效性，更有利于构建比较完善的公共体育服务体系。

第五章　公共服务体系的理论构架

第一节　公共体育服务体系基本含义

1993年董新光教授在研究起草《全民健身计划纲要（稿）》时，提出了“基本建成中国特色的全民健身体系”的奋斗目标，并为国务院所吸纳。其又在《论有中国特色的全民健身体系》论文中提出了全民健身体系的含义、构成及构建思路。后来，他又提出，全民健身体系就是一个能够让广大人民群众广泛参与体育的健身活动，国民体质得到普遍增强的保障系统；就是一个能够为广大人民群众提供良好的体育健身环境和条件，满足广大人民群众基本体育健身需求的服务系统。随后他又进一步修改为：全民健身体系就是一个能够不断为全体国民提供体育健身的基本环境和条件，满足全体国民体育健身的基本需求，使全体国民健康体质得到明显提高的服务和保障系统。此后，一些学者相继对全民健身体系的概念及其架构进行研究，阐述了不同观念。

裴立新教授指出：全民健身体系是一个以人为本，面向全体国民，定位基层，以组织管理、物质保障、体育活动三大关键环节为基本构架，由若干保证、支撑系统构成的，可满足多元需求、服务与管理并重、结构完善、层次分明、功能有效的开放的系统。这一体系实质上是一个能够“保障广大人民群众享有基本的体育服务”的亲民、利民、便民的服务体系，是一个组织管理科学规范、资源配置优化合理、有效保障国民体质和健康水平得到普遍提高的保障体系，是一个适应全面建设小康社会的内在要求具有主动调节功能的系统。

肖林鹏认为：按提供公共体育服务的目的来划分，我国公共体育服务可分为体育健身服务、体育休闲娱乐服务、体育医疗服务等。可见，全民健身服务是我国公共体育服务的组成部分。在公共体育服务概念的基础上，他认为:全民健身服务是为满足公众健身需求而提供的公共体育服务，是公共体育服务的一种形式。全民健身服务的常见形式有体育医疗、体育康复、体育培训、体育表演服务，以及体育场地设施、体育政策法规、体育信息、体育科研服务等。所谓公共体育服务体系是指由满足公共体育需求的要素共同构成的有机整体。全民健身服务体系属于公共体育服务体系的下位概念，据此，所谓全民健身服务体系是由满足全民健身需求的要素构成的有机整体。肖林鹏还认为，公共体育服务体系是在大力推进服务型政府建设的时代背景下提出的。与全民健身体系的概念比较，公共体育服务体系更明确地提出了服务型政府在开展全民健身事业中的职能和发展方向，是新形势下对全民健身体系的继承和发展。

社会体育学者们为全民健身体系做了各种界定，其中得到广泛认可的是董新光的定义：全民健身体系，就是一个由能够为不断满足全体公民体育健身需求、改善全社会体育健身环境条件、明显提高全民族健康素质提供服务和保障的要素和关系构成的整体。同时他还指出，全民健身体系是一个由内容要素、层次要素及关系构成的三维系统，是三者和谐有机的统一体。

当前，尽管公共体育服务体系这一概念已为社会所使用，但其内涵尚未清晰。鉴于新形势下我国经济社会发展以及体育行政改革的基本要求，有必要及时厘清公共体育服务体系的概念，使这一概念既能正确反映现实经济社会发展的要求，又能准确揭示群众体育工作的基本思路。公共体育服务体系等诸多概念频繁出现的过程，是对全民健身体系继承与发展的过程，同时也是对全民健身概念的内涵与外延不断充实和发展的过程。

若要界定公共体育服务体系的概念，就必须先厘清体系这个概念。依据《现代汉语词典》（第7版），所谓体系，是指若干有关事物或某些意识互相联系而构成的一个整体。体系主要有这样几个特点：一是体系是由两个或者两个以上的事物组成的；二是体系之间的各个事物是相互联系和相互制约的；三是作为一个整体，体系执行着特殊的功能。

本研究使用的"公共体育服务体系"这一概念，是指一个由能够为不断满足全体公民体育健身需求、改善全社会体育健身环境条件、明显提高全民族健康素质提供公共服务和保障的要素和关系构成的整体。这既能表现服务型政府建设过程中的行政服务理念、政府公共精神以及公共利益的具体要求，又能体现政府在提供全民健身公共服务和产品时的主导地位和责任。

无论是"保障性体系""服务性体系"，还是"多元化体系"，这些概念其实均反映了一定时期经济社会发展的需要。因此，本研究在研究的时间范畴内，为了尊重历史和表达上的习惯，不对上述概念做替代处理，在后续的研究中将它们统称为"公共体育服务体系"，只是在对全民健身分层次阐述时再做适当的注释（如城市公共体育服务体系、区域行业全员健身公共服务体系或农村公共体育服务体系等）。

第二节　构建公共体育服务体系的必要性与基本要求

一、构建公共体育服务体系的必要性

全民健身事业是体育事业的基础和主体，而社会体育事业又是全民健身事业的主体组成部分。社会体育的发展规模和发展水平，体现着一个国家体育事业的发展规模和发展水平。社会体育工作的开展从来都不是孤立进行的。当前，我国国民经济持续、快速、健康发展，改革开放取得丰硕成果，社会主义物质文明和精神文明建设取得了显著成效。全民健身工作必须站在历史发展的高度和时代的前列，始终坚持以满足广大人民群众日益增长的体育文化需求为出发点，以提高全民族的健康素质、构建公共体育服务体系为根本任务。

构建公共体育服务体系的必要性主要表现在以下几个方面。

（一）构建全民健身公共服务体系是解决新时期全民健身工作基本矛盾的客观需要

探索并解决全民健身工作的基本矛盾，是新时期群众体育工作的内在动力和客观依据。在经济社会发展的新时期，人民群众日益增长的体育需求与体育健身供给不足之间的矛盾日益突出，已成为全民健身工作的基本矛盾。随着生活水平的日益提高，人们对精神生活的需求日趋强烈。满足广大人民群众日益增长的健身需求，是全民健身工作的第一要务。因此，构建健全的公共体育服务体系需要大幅增加体育场地数量，明显改善体育健身设施，不断壮大体育健身组织和体育指导员队伍，提高全民健身工作整体水平。这对逐步解决全民健身工作的基本矛盾具有十分重要的作用。

（二）构建全民健身公共服务体系是新时期全民健身工作新思路的重要体现

在新的历史时期，我们必须以不断满足广大人民群众多样化体育健身需求为出发点，以明显提高全民族健身素质为重点，着力解决全民健身事业发展中的突出矛盾和问题。

当前和今后一个时期我国社会体育工作的新思路是：坚持以增强人民体质、提高全民族健康素质为目标；坚持以人为本，以实现、维护好广大人民群众的体育权益为依托；统筹兼顾，均衡发展，不断缩小城乡、区域之间差距，促进社会公平；在发展过程中坚持“活动与建设并举，以建设为重”的方针，并因地制宜，突出特色，创造具有地方特色和行业特点的全民健身新经验；坚持全民健身事业与社会、经济、文化事业协调发展，最终逐渐形成“亲民，便民、利民”的公共体育服务体系。因此，构建公共体育服务体系是新时期全民健身工作新思路的重要体现，对推进全国社会体育的改革和发展具有重要现实意义。

（三）构建全民健身公共服务体系是保障全民体育合法权益的重要措施

保障公民体育合法权益是体育管理的重要任务。提供与经济、社会发展相适应的公共体育物品与服务，不断提高全民健身的服务质量，是社会体育改革和发展的方向。因此，构建公共体育服务体系，将是党和政府保障公民体育合法权益的重要措施，对于提高人民的生活质量和社会文明程度建设、促进社会的全面发展和维护社会稳定有着积极的意义。

（四）构建全民健身公共服务体系是全民健身工作增强自身凝聚力和生命力的需要

发展体育运动，增强人民体质，是我国体育工作的根本方针和任务。随着经济社会的发展以及广大人民群众健身需求的变化，全民健身工作要创新公共体育服务模式，丰富群众性体育活动的组织形式，充分发挥基本体育社会组织的作用，让更多的人享受体育发展的成果。因此，全民健身工作要抓好三个环节：一是建设群众身边的健身场地，二是健全群众身边的体育活动组织，三是举办群众身边的体育活动。这三个环节是全民健身工作的凝聚力和生命力所在。构建公共体育服务体系正是加强三个环节建设的有效举措，也是促进全民健身工作又好又快发展的重要手段，对深化社会体育改革和发展将产生广泛而深远的影响。

二、构建公共体育服务体系的基本要求

改革开放以来，我国在经济建设方面取得了举世瞩目的成就，但是在社会事业发展、社会事业管理体制、社会结构调整上都存在着许多需要解决的问题。特别是作为一种社会事业的体育事业，其基础还比较薄弱，“体育运动的普及程度不高，只注重竞技体育成绩，而轻视发展群众体育特别是青少年学生体育锻炼”的现象还存在，全民健身的基本保障还不健全，在加强管理、法制建设等方面做得还不够，地区之间、城乡之间体育发展程度差异较大。

因此，努力构建与小康社会相适应，面向全体国民，能够适应不同区域、不同人群的不同需求，亲民、便民、利民的全民体育公共服务体系，是实现十几亿人口享有基本体育服务的保证。从根本上说，就是要把实现广大人民群众享有基本体育服务作为全民健身公共服务工作的第一要务，

建设一个更高水平的、更全面的、惠及全体国民的公共体育服务体系。所谓更高水平，是指人均体育场地数量、人均体育消费和经常参加体育活动的人数呈较大幅度的增加，人们对体育在经济和社会发展中的重要地位和作用的认识程度普遍提高。所谓更全面，是指体育运动更加普及，全民健身的基本保障更加全面，场地、组织、活动遍及城乡。公共体育服务体系的构建不仅要体现科学性、全面性，而且还要体现与时俱进的新内涵。

第三节　公共体育服务体系的基本特征

一、公共体育服务体系的公共性特征

公共体育服务体系作为政府提供给全体公民的体育公共物品和公共服务，是向社会公众提供的，由全体社会成员共同消费、共同受益，既不具有竞争性又不具有排他性。公共体育服务体系的公共性，就是指只要是中国公民，都享有基本均等的体育健身公共物品和公共服务。

二、公共体育服务体系的公益性特征

公共体育服务体系属于典型的公益事业。由公共部门与准公共部门（第三部门）提供的公共服务和由市场提供的服务最大的不同在于公共服务在很大程度上是公益的，不以牟利为目的；在社会效益和经济效益之间更强调社会效益，始终以追求社会效益为出发点和归宿。公共体育物品的服务对象是社会公众，政府在对公共体育物品进行选择、分配、落实等各个环节都体现了公益性。

公共体育物品虽有纯公共性与准公众性之分，但公益性是其共有的特

点。纯公共体育物品的数量和层次以及准公共体育物品的公益性成分的比例与国家和地区的经济社会发展水平密切相关，也与人们的体育传统、文化习俗和对某种产品的偏好相联系。也就是说，社会发展程度越高，公共体育物品的结构就越完善、内容就越丰富、公益性就越高，人们免费享用的体育场馆、设施的数量和种类就越多，质量就越好。

此外，有必要指出的是，随着社会主义市场经济不断深入发展，政府通过市场及第三部门组织和动员社会力量支持并参与体育事业，与政府共同发展全民健身事业，既能为社会提供更加丰富的体育物品和体育服务，补充公共体育资源，又能根据公民个人需要提供私人体育物品或准公共体育物品，满足广大人民群众多样化的体育需求。这也是对发展全民健身事业的有效补充。

三、公共体育服务体系的全面性特征

所谓全民健身，顾名思义，就是指全体公民的健身活动。它既包括服务人群的全面性和惠及人群的全面性，又包括服务内容的全面性和服务范围的全面性。没有全面性，公共体育服务体系就无法“惠及十几亿人口”，也就变得名不副实。

要“惠及十几亿人口”，而不是惠及一部分人，就需要将更多的公共体育资源向农村、基层尤其是农村基层倾斜，缩小城乡、区域之间全民健身事业发展差距和体育健身公共服务的差距；在坚持城市体育以社区为重点、关注市民体育的同时，兼顾单位体育和职工体育；在坚持青少年体育以学校为重点、关注在校生的同时，兼顾青少年校外体育和社会青少年体育。这样才能真正体现全民健身的全面性。

四、公共体育服务体系的多元化特征

在经济的多元化、文化的多元化以及人的年龄、经济能力、受教育程度、个人爱好和政府倡导等因素的影响下，公民对体育的需求也表现出多元化。这种多元化一方面体现为服务内容的丰富性，另一方面体现为服务形式的多元化。从前者来说，凡是有利于国民个人健康素质提高，有利于经济、社会发展的体育需求，通过个人努力无法得到满足的，政府都应该主动负责，并充分调动全社会的力量齐抓共管。政府依靠财政提供基本体育公共物品，社会组织等提供私人体育物品，最终提供多元化体育健身形式和内容供不同人群选择，不断满足广大人民群众日益增长的体育健身需求。从后者来说，政府需要从亲民、便民、利民的角度，通过加快城乡社区公共体育设施建设，大力发展城乡基层体育组织和体育队伍，不断创造和改善有利于发展全民健身事业的环境和条件，不断改进服务方式、丰富服务途径，从而健全城乡公共体育服务体系。只有多元化的公共体育服务体系，才能使更多的人参与体育健身活动，才能使更多的人受益。

五、公共体育服务体系的平民化特征

全民健身事业是一项惠民工程。在构建公共体育服务体系时应更多地考虑到中低收入人群、学生以及无收入或低收入的中老年人。保障广大人民群众享有基本的全民健身公共服务，应当坚持以代表广大人民的根本利益为基本着眼点。这都是由我国社会主义国家性质决定的，也是全面建成小康社会、构建社会主义和谐社会等重要思想具体要求的体现。公共体育服务体系的平民化旨在体现公共体育服务体系服务对象的全面性和服务人群的多元化的同时，更加突出体现这个体系切实为占人口大多数的平民服务，切实保障普通民众获得平等的体育参与机会和条件，保障他们应享有的基本体育权益。全民健民公共服务体系只有体现出平民化，才有真正意义上的全民性，才能惠及最广大人民群众，才能名副其实。

六、公共体育服务体系的系统性特征

公共体育服务体系作为一种社会现象，既是整个社会结构的一个组成部分，又具有系统性。公共体育服务体系既包括城市公共体育服务体系、区域行业全员健身公共服务体系，也包括农村公共体育服务体系；且各健身公共服务体系也表现出各自的特点和具体要求。公共体育服务体系本身既是一个层次体系、也是一个内容体系，既要实现为不同地域人群提供服务，又要满足不同地域人群的体育需求。系统性是公共体育服务体系中的“体系”的基本需求。它包括保障条件的系统性、服务功能的系统性和工作绩效考核的系统性。政府应构建一个比较完善的能够不断满足全体公民体育健身基本需求的完整的、配套的服务体系，一个能够不断为全体公民提供健身的基本环境和条件的完整的、配套的保障体系，一个能够不断为全体公民提供满意实惠的有效的、完整的、配套的科学评价体系。

七、公共体育服务体系的保障性特征

公共体育服务体系的保障性是指公共体育服务体系要保障公共体育服务体系能够稳定、持续、健康地运转下去，保障这个服务体系功能的有效实现。公共体育服务体系的保障性特征是由我国宪法和法律规定的我国公民体育权利和全民健身事业的公益性所决定的。依法行政、按章办事是法治国家的重要特征之一。只有通过法律手段才能有效地实施对社会体育的宏观管理和调控。也只有通过立法来保障公民参加健身、休闲的权利，并向公民提供充足的公共健身休闲场地设施，才能形成有利于社会体育可持续发展的有效机制。

八、公共体育服务体系的服务性特征

公共事业就是以满足社会公共需要为基本目标，直接为社会经济的发展和人民生活水平的提高创造条件或提供服务，不以营利为目的社会活动。公共体育服务体系作为公共事业的组成部分，是要服务全体公民、惠及全体公民的，以向社会提供公共体育物品和服务为己任。

因此，一个比较完善的公共体育服务体系，是以改善人民体质和健康为目的，以运动、娱乐、养身、保健等活动为手段的一种社会系统。构建一个比较完善的公共体育服务体系，就是要为全体公民参与体育健身活动服务，渗入社会的生活方式，改变人们的生活习惯，为提高人民生活质量服务，为明显提高全民族健康素质服务，为繁荣社会主义体育事业、建设先进文化、推动经济社会发展服务。

公共体育服务体系始终以追求社会效益（公益性）为自己的出发点和归宿。因此，公共性是这个体系的核心；而本质特征是服务性和保障性。公共体育服务体系的全面性、多元化和平民化是相互联系、相互影响的，三者不是对立的，是一个统一体的不同方面：全面性就是要求这个体系的服务对象平民化和多元化；多元化是保障平民化的多元化，平民化并不排斥多元化；平民化和多元化本身更有利于这个体系的全面性。系统性、服务性、保障性三者也是相互联系、相互影响的。没有公共体育服务体系的保障性，就没有公共体育服务体系的服务性；同时，系统性首先要求公共体育服务体系的健身服务和健身保障的系统性。没有公共体育服务体系的服务系统性和保障系统性，也就无法构建健全的公共体育服务体系。

第四节　公共体育服务体系的基本功能

功能是指系统在与外部环境相互联系和相互作用中表现出来的性质、能力和功效，是系统内部相对稳定的联系方式、组织秩序及时空形式的外在表现形式。系统的结构是系统的功能的基础，系统的功能依赖于系统的结构。一定的结构具有一定的功能，功能不能脱离结构而存在。公共体育服务体系作为一个社会系统，对其功能的考察过程并不是就事论事的静态描述过程，而是较为复杂的动态考察过程。在某一个阶段或某一特定时期内，公共体育服务体系的内容结构具有相对稳定性，是静态的；但系统中各要素之间是相互联系、相互作用的，表现出来的性质、能力和功效是动态的，尤其是当内外环境发生变化时，系统的功能随时可能发生相应变化。

公共体育服务体系的功能取决于其本身的特点和社会需要，可分为外部功能和内部功能。公共体育服务体系的外部功能（社会功能）是指公共体育服务体系在社会方面所产生的功能，主要表现在文化娱乐功能、社会情感功能，以及发展社会生产力的经济功能等几个方面。公共体育服务体系的内部功能是指能反映其自然属性的本质功能，即在体育方面所产生的功能，基本包括以下三个方面。

一、公共体育服务体系的保障功能

保障功能是公共体育服务体系的关键性、基础性功能，是起支撑作用的功能。它反映了公共体育服务体系的基础实力和基础水平。公共体育服务体系的保障功能体现在它的保障体系上。全民健身公共服务保障体系主要是给公共体育服务体系诸要素提供保障的。

如何才能不断满足全体公民体育健身需要，改善全社会体育健身环境条件并使全民健身能够稳定持久健康地发展下去？只有通过法律和法规的形式为全民健身事业的发展提供有效保障，通过立法来保障公民参加健身、休闲的权利，并向公民提供充足的公共健身休闲场地设施，才能形成有利于全民健身事业可持续发展的长效机制。公共体育服务体系虽然是通过法律法规给予重要保障，但还要具体落实到为体育经费、体育科学研究、体育管理、国民体质监测、体育资源等提供保障。

经费是实现我国社会体育全面、协调、可持续发展的重要保障。多学科、多视角、深层次地研究我国的社会体育能不断提高社会体育的科技含量，提升全民健身活动的整体水平，为体育参与者和组织者提供理论支持和科学服务。城乡体育资源均衡分布，能有效保障和推进体育活动的有序性和公平性。布局合理的国民体质监测网络（体质监测中心、体质监测站、体质监测点），一方面能够对国民体质状况和体育锻炼效果进行评定，为体育健身参与者提供测试结果，使其了解健身效果，为其及时调整运动处方提供保障服务；另一方面能为体育行政部门掌握国民体质状况，及时把握国民体质的发展趋势，发现问题，从而制定进一步改善国民健康素质的相关政策提供科学的依据。而有效的体育管理则能充分地整合体育资源，提高服务效益，规范社会体育活动，保障公民体育活动健康、有序地开展。只有在这几个方面保障了服务体系提出的基本需要，才能保障公共体育服务体系良性、高效运行，取得良好的社会效益，进而满足广大人民群众对体育的基本需求。

二、公共体育服务体系的服务功能

公共体育服务体系的本质功能就是为广大人民群众提供公共体育产品

和服务。服务功能反映了公共体育服务体系的性质和方向，也体现在公共体育服务体系的“服务体系”上。公共体育服务体系作为公共事业的组成部分，要服务全体公民、惠及全体公民，以向社会提供公共体育物品和服务为己任。属于纯公共物品和服务的，应被无偿提供，如基础性的公共体育场馆和公共体育设施，政府的体育政策、制度，普及的科学健身知识、锻炼方法和全民健身路径等；属于准公共物品和服务的，采取由政府承担部分费用，并向消费者收取少量费用的方式提供，例如成本付费的体育场馆、健身设施等；属于公众消费性的体育物品和服务的，可由公共组织提供，由消费者自己付费使用。

三、公共体育服务体系的管理功能

管理就是在特定环境下，对组织拥有的资源进行计划、组织、领导和控制，以便有效达到既定的组织目标的过程。管理的目的是有效率和有效果地实施组织行动，其本质是合理分配和协调各种资源。管理功能就是为了达到某一目标而进行的实践活动。这种实践活动主要涉及以下两方面：一方面是目标的选择和为达目标所采用的各种政策及措施；另一方面是使各种活动有助于上述目标的实现，有助于各种政策、措施的实现。第一种属于组织、计划等方面的功能，第二种属于协调与控制功能。这两种功能既有区别又关系密切，但不管是使用前者还是后者，或是兼有之，都是为了管理目标的实现。

正如董新光教授所言：公共体育服务体系的管理功能，除了体现在制订全民健身事业的发展计划，对全民健身事业的发展计划进行组织实施，对体育服务和体育保障中的各项活动、各种关系进行监督、协调、调整等常规管理职能上外，还主要体现在它的管理体制和运行机制上。可见，管理功能是公共体育服务体系的内在性、常规性功能，为公共体育服务体系的正常运转提供组织与管理保障。

因此，我们所要构建的比较完善的公共体育服务体系，就是要通过体制改革和制度创新彻底实行管办分离，将政事、政企分开，即从办向管转变，从微观管理向宏观管理转变，从管直属企事业单位向管社会转变，从封闭式内向型管理向开放式外向型管理转变；就是要使政府与社会在管理全民健身事业的划分、组织建构和职能配置等方面形成一种更有利于扩大和整合体育资源，有利于提供公平的公共体育服务，有利于充分调动方方面面的积极性，有利于提高工作效率和社会效益的管理体制；就是要使公共体育服务体系的各个层次要素、各个内容要素之间，在其所产生的关系和作用方面，形成一种有利于它们之间相互促进、相互支持，有利于它们之间有秩序地按一定方式良性运行，有利于它们之间能够自主适应、自动调节关系和作用的运行机制：从而不断促进全民健身公共服务质量和效率的提高，规范社会体育活动，保障广大人民群众体育健身活动健康、有序开展，最终达到明显提高全民族健康素质的目标。

第五节　公共体育服务体系基本框架结构

一、关于公共体育服务体系基本框架的理论设想

本研究报告在对公共体育服务体系的基本理论框架进行追本溯源及对其基本特征进行阐释的基础上，根据社会体育本质功能和规律性及系统论基本原理的要求，参考我国全民健身计划实施多年的经验和全面建成小康社会目标中体育所承载的社会价值，在总结前人研究的基础上，结合当前

各地方推行全民健身计划的实践，演绎设计出具有地方特色的公共体育服务体系的基本框架。

二、公共体育服务体系设计理念

“理念”一词在《现代汉语词典》（第 7 版）里的解释为：信念，思想，观念。强调对目标、原则、方法等的认识和追求。王卓君认为，理念是我们对某种事物的看法、观点和信念。所谓公共体育服务体系设计理念就是人们对公共体育服务体系的性质、任务、目标等根本问题的理性认识及对其形式的基本观点。新公共服务理论将公平和正义视为首要价值，在不改变效率的同时，将公共追求的终极目标定为社会公共利益。因此，要构建与小康社会相适应，面向全体国民，能够适应不同区域、不同人群的需求，亲民、便民、利民的公共体育服务体系，就必须具有以下设计理念。

（一）宏观层面

1. 顶层设计理念

顶层设计原本是来自网络工程学的一种说法。它是说在进行一个大系统的建设前，要从顶层开始，由上到下地进行设计。一些 IT 方面的科学家指出，建设电子政务网络需要首先在顶层设计一个网络，而不能从各个子系统开始着手，只有这样，各个子系统之间才有可能互相沟通、兼容、联动。晓冬认为，顶层设计是专指中国体制、机制和制度改革与创新的顶层设计，有特定含义，而不是一般意义上的概念借用。国务院发展研究中心资深研究员吴敬琏认为，顶层设计和总体规划应当不是某个单项改革的顶层设计和总体规划，而是全面改革的顶层设计和总体规划。同时，他还指出：“社会经济体制作为一个巨型的系统，为了保证各个子系统之间的协调和互动，必须要有从上到下的顶层设计和总体规划。但是，进行顶层设计一定要倾听民众诉求，与从下到上的创新相结合，从地方政府主动探索获得启发和经验。”

2. 行政服务理念

相对于传统的管理论行政过程模式、控权论行政过程模式，现代行政法行政过程模式主要强调的是一种新型的沟通关系，即以“合作与服务”理念为主的法治政府的模式。在法治政府的模式理论中，服务是政府最核心的理念，也是政府行为的主要依据。政府管理的本质是保障公民的权利，为公民和社会更好地服务，以得到公民的拥护、社会的拥护。政府应该摒弃以往“官本位”的思想，树立“民本位”的观念，进而构建新的政府文化，即“建设政务咨询制度、公开资讯制度、服务承诺制度等政府文化基本制度。加强提倡、灌输公仆意识、服务意识，树立以民为本、公众至上的价值观，使之成为政府文化的核心”。政府要以宪法原则为依据，信守公共行政基本原则，遵从公共行政职业化伦理。

基于此，体育行政部门最重要的性质就在于为民服务，尽可能提供更多的公共体育产品和有效的公共管理、公共服务。具体地说，一是在操作层面上体现政府职能的服务取向，即构建全民健身公共服务纲领、全民健身公共服务标准、公开与提供充分的公共体育信息等；二是培养全民健身公共服务执行者服务理念，即树立公民为本的思想，秉持一视同仁的态度，而不能因不同人而提供不同的服务。政府与公民应当通过各种方式和途径形成利益的共存空间，彼此之间通过协商与合作实现“双赢”的目标。

（二）微观层面

相对于宏观层面来说，公共体育服务体系的设计理念在微观层面上更注重于对基层在构建公共体育服务体系时应该秉持的观点和信念的阐释，主要表现为公共性理念、公益性理念、全面性理念和平民性理念等。

1. 公共性理念

现代公共事业的公共性是指各项公共事业是为所有社会成员，或者为绝大多数社会成员服务，而不是为少数人服务。尽管有时公共事业的服务对象不是全体社会的所有成员，而只是社会特定成员，但它肯定不是这些社会个别成员或特权成员所专有的，并不排斥其他人同时享受服务，因为公共事业还涉及一些基本遵循的人际关系原则，如平等、利他、诚实、互助精神和为社会奉献。

“在体育领域内，全民健身以及所需要的基本设施应是公共物品，属于广大人民的基本需求，是政府必须予以提供的基本公共服务，必须要保证。”为社会共同利益服务、体现公共性是判断公共事业发展状况的重要标准。公共体育服务体系作为公共体育服务的主要形式具有公共性特征，它是民生体育的重要载体。基于此，建立比较完善的公共体育服务体系的核心就在于公共性。公共性是一个有着丰富内涵的概念。公共性的形成是基于自主性、公共空间、公共权利，有着基本的制度前提和重要的社会基础，即民主法治与公民社会的形成。全民健身作为政府提供给全体国民的体育公共产品和服务，是向社会公众提供的，使全体社会成员共同消费、共同受益，既不具有竞争性又不具有排他性。公共体育服务的公共性，就是指只要是中国公民，都享有基本平等的体育健身公共产品和服务。

2. 公益性理念

公共体育服务体系属于典型的公益事业。由公共部门与准公共部门（第三部门）提供的公共体育服务和由市场提供的体育服务最大的不同在于公共体育服务在很大程度上是公益的，不以营利为目的，而是以满足社会公共需要为己任；在社会效益和经济效益之间更强调社会效益，始终以追求实现社会效益为自己的出发点和归宿。

根据公民获得服务所付出的经济比重，公共体育服务可分两大类：一类是纯公益性的服务，即完全由政府承担费用的服务。例如政府的体育政策、制度，普及的科学健身知识、锻炼方法和全民健身路径等都由政府财政承担全部费用，国民可以免费享受。另一类是准公共服务，即由政府承担部分费用，个人需要付出一定费用才能享受的服务。例如成本付费的体育场馆、健身设施等都由政府投资，但向民众收取一定费用作为基本维护成本。

3. 全面性理念

发展全民健身事业的目的就是满足全体公民（全民）的基本公共体育服务需求。全面性既是公共体育服务体系中“全民”的要求，又是全面实现现代化中“全面”的规定，它既包括服务人群的全面性和惠及人群的全面性，又包括服务内容的全面性和服务范围的全面性。这是由全面实现现代化要“惠及十几亿人口”的目标和“以全民健身为主体的基本公共体育服务”中“全民”的性质决定的，也是由人的体育需求多样化决定的。没有全面性，所构建的体系就无法“惠及十几亿人口”，也就无法被视为“公共体育服务体系”。

4. 平民性理念

全民健身事业是一项惠民工程。在构建公共体育服务体系时应更多地考虑到中低收入人群、学生以及无收入或低收入的中老年人，他们才是公共体育服务体系的主要服务对象。

为了体现在构建公共体育服务体系时秉承的平民性理念，政府应为广大人民群众提供基本而有保障的公共产品及有效的公共管理和服务，应当坚持以代表广大人民群众的根本利益为基本着眼点。这是由我国社会主义国家性质决定的，也是构建社会主义和谐社会等重要思想具体要求的体现。平民性理念旨在体现公共体育服务体系服务对象的全面性和服务人群的多元化的同时，更加突出体现这个体系切实为占人口大多数的平民服务，切实保障普通民众获得平等的体育参与机会和条件。因此，在构建公共体育服务体系时只有突出平民性理念，才能体现出服务体系平民化，才能有真正意义上的全民性，才能构建一个健全的公共体育服务体系。

三、公共体育服务体系基本框架的理论解析

在设计一个系统时，首先应从系统的认识出发，把系统中的诸要素排成一定的结构形式，设计和实施一个整体，以便达到预期的目标。国家将构建公共体育服务体系纳入全面建成小康社会的目标，意味着对构建公共体育服务体系提出了新的更高的要求。具有公共性、公益性、全面性、平民化等特征的公共体育服务体系就是要改变目前低水平的、不全面的、发展很不平衡的状况，惠及十几亿人口。

构建公共体育服务体系的目的是统筹城乡公共体育资源和公共体育服务的均衡配置，逐步普及城乡居民享有的基本体育健身公共服务，努力实现城乡居民基本体育健身公共服务均等化。其内涵就是实现城乡公共体育服务体系无缝对接和区域性公共体育基础设施一体化，进而不断满足城乡居民体育健身需求，改善城乡全民健身环境条件。

（一）构建全民健身公共服务体系要体现层次性

1995 年国务院颁布实施《全民健身计划纲要》以来，全民健身公共服务覆盖范围逐步扩大，体育场地数量大幅增加，体育健身设施明显改善。

公共体育服务体系作为一项系统工程，从发展的眼光看，计划表现出一定的连续性和阶段性。系统发展的连续性和阶段性的统一就表现为系统的层次性。层次性、整体性是系统的基本特征。可见，构建公共体育服务体系应从系统的认识出发，设计和实施一个整体，以求达到我们所希望实现的效果——提高国民健康素质。

推行全民健身计划、发展全民健身事业是全国各族人民共同的事业，是各级政府和全社会的共同责任。在推行过程中，由强有力的政府主导，自上而下并且有目的、有计划、有步骤地予以推进实施，“具有明显的政府推进特征”。因此，董新光提出以行政辖区进行层次划分是最为有利的。同时他还指出，要使城乡居民享受体育服务及得到体育实惠，关键在于建立基层的公共体育服务体系及群众身边的公共体育服务体系。既要在城市中建设市的、区的、街道的，以至居住区的体系，从而形成城市层次性公共体育服务体系；也要在农村中建设县的、乡镇的，以至村的体系，从而构建农村层次性公共体育服务体系。只有这样才能为城乡居民提供“亲民、便民、利民”的基本公共体育服务。

一般来说，纯公共体育物品的数量和层次以及准公共体育物品的公益性成分的比例与国家和地区的经济社会发展水平密切相关。社会发展程度越高，地方经济实力越强，所提供的公共体育物品的结构就越完善，内容就越丰富，公益性就越高，人们免费享用的体育场馆、设施的数量和种类就越多，质量就越好。因此，在构建公共体育服务体系的过程中，要扩大公共财政覆盖农村全民健身事业的范围，加大建设乡村公共体育健身设施的资金投入，统筹城乡公共体育资源和公共体育服务的均衡配置，逐步普及基本体育健身公共服务，努力实现城乡全民健身公共服务均等化。

（二）构建全民健身公共服务体系要体现整体性

公共体育服务体系作为一个社会系统，就是要通过构建全民健身事业的管理体制和运行机制，完善全民健身公共服务政策制度体系，形成政府、社会和市场共同发展的全民健身事业格局，从而将公共体育服务体系的层次体系以及构成各层次体系的诸要素统筹协调起来，充分发挥自身的整体效能，最终推进全民健身朝着生活化、普通化、科学化、社会化、法制化方向发展。

董新光指出：全民健身事业的管理体制是一种政府领导，体育部门组织、有关部门和群众组织齐抓共管，人民参与管理，体育社会团体和体育健身组织责权明确、分工负责，社会兴办，基层组织和单位各负其责的管理体制。同时还有学者认为，全民健身事业的运行机制是一种以计划和财政为基础配置体育资源、落实公民体育权益的保障机制；是一种政府提供公共体育物品，社会、市场提供非公共体育物品，满足人们多样化体育需求的共建机制；是一种发挥全社会体育资源效益，协调方方面面体育利益，动员社会共同参与的整合机制；是一种维护公民体育权益，保持良好体育秩序，促进全民健身事业和谐发展的控制机制；是一种客观描述公民体质状况和全民健身事业发展规模与发展水平的评价机制。

基于以上论述，在构建公共体育服务体系的过程中要注意以下几点：一是正确处理整体与局部的关系，在局部利益与整体利益产生矛盾的情况下，局部利益应服从整体利益。二是重视公共体育服务体系各个组成要素和组成部分的相互联系和相互依赖的关系，在实施中要做到统筹兼顾、全面安排。三是绩效评估要对整体功能的发挥情况和整体的效果予以考察，同时，绩效评估并不只是为了追求效率，而是要体现出全民健身事业的公共责任机制和公共责任的实现程度与效果，是对效率、效果和效益的综合评估。

四、公共体育服务体系基本构成要素的理论解析

公共体育服务体系基本框架由全民健身保障体系、全民健身服务体系和全民健身绩效评估体系三个一级指标构成。也就是说，构建包括不同服务、保障和绩效评估内容的公共体育服务体系，能不断提高政府体育健身公共服务能力，充分发挥基本公共体育资源的公共服务效益，使城乡居民享有基本均等的体育健身公共服务，得到起码的体育优惠。

（一）全民健身保障体系

全民健身保障体系由体育法制保障系统、体育经费保障系统、体育管理保障系统、体育科技保障系统、国民体质监测系统五个子系统构成。它是为公共体育服务体系诸要素提供保障和支持的系统。

1. 体育法制保障系统

体育法制保障系统即政府通过法律来保障公民参加健身、休闲的权利，提供大量的公共健身休闲场地设施，形成有利于社会体育可持续发展的长效机制。1995 年 6 月 20 日，国务院正式批准和颁布了《全民健身计划纲要》并在全国范围内推广和实施；同年 10 月，《中华人民共和国体育法》开始生效。自此以后，体育权利问题在我国引起了广泛的关注，党和政府十分重视推动公民体育权利的实现，努力保障全体公民享有基本的体育服务和得到起码的体育实惠。如何协调各方关系，保障全民健身事业的健康发展是人们共同关心的问题。避免人为的随意性，才能保证公民体育权利的充分实现。

2. 体育经费保障系统

实施全民健身计划，要有必要的资金投入做保障。体育经费是发展全民健身事业的基本物质条件，是实现全民健身事业全面、协调、可持续发展的重要保障。要通过政府拨款、贴息贷款、集资、融资及社会捐赠、赞助等，形成以政府为主导、社会和市场投资多元化发展的全民健身事业格局。《全民健身计划纲要》指出："体育部门要改善资金支出结构，逐步增加群众体育事业费在预算中的支出比重。鼓励企事业单位、社区团体、个人资助体育健身活动。提倡家庭和个人为体育健身投资……"

因此，只有不断完善经费筹集、合理分配和有效使用机制，才能保障全民健身活动正常运行，才能满足广大人民群众对体育健身的多样化需求，使得公民享受基本的体育服务。因此，政府应将全民健身作为公益性事业，加大对全民健身事业的资金投入，并将全民健身事业经费和基本建设经费作为专项支出列入体育主管部门预算，将全民健身事业发展规划纳入国家与地方国民经济发展计划；在提高各级财政投资的积极性、计划性和稳定性的前提下，要充分认识市场经济规律，利用好体育产业化和社会化的相关政策，调动社会各方面的积极性，广辟资金筹集渠道。这些措施的精准实施，能有效地改善全民健身事业的环境和条件，将推动全民健身事业社会化和产业化进程，促进全民健身事业的快速发展。

3. 体育管理保障系统

政府通过对全民健身事业从宏观上进行调控，对社会体育的发展战略问题进行决策和部署，从全局、整体的高度把握社会体育的发展方向，促进社会体育内部各要素协调发展，合理配置社会体育资源，使城乡居民享受基本均等的体育健身公共服务。体育管理就是在不断变化的环境条件下，以政府为主的公共组织对关系社会共同需要和共同利益的体育事务，依法运用政府管理的各项职能，协调组织内外关系和配置体育资源，以实现既定的体育目标的全过程。“体育管理体制是体育管理的机构设置、权限划分、运行机制等方面的体系和制度的总称，是实现体育总目标的组织保证。”“一个国家的体育管理体制是由其政治、经济体制决定的，而体育管理体制又决定了体育组织的运行机制。体育组织的运行机制是体育管理体制的实质性反映，在不同体育管理体制下，体育组织的运行机制有着根本区别。”

根据我国的国情，短期内我国还难以建立非政府组织管理体育的自上而下的体制，因此主要由政府机构采用纵向行政手段分层与社团组织横向联系的网络的方式管理。所以，在我国全民健身事业管理体制改革和不断完善的运行机制中，形成了一种政府负责、国家体育总局组织、社会参与的新的全民健身工作模式，大大加强了开展全民健身工作的力度。政府要把握体育发展的方向，使体育发展与公众需要相适应，侧重在政策法规与全民健身发展战略的制定和实施方面对全民健身活动的进行过程实行监督与调控；社会体育组织则承担全民健身的具体事务工作，如活动的组织和策划、社会体育赛事管理、专业人员的培训、技术指导、健身知识讲座、体育产业经营与开发等；进而使体育资源配置最优化、管理工作规范化、服务效益最大化。

4. 体育科技保障系统

建立健全体育科技保障系统能为健身管理者和健身参与者提供健身科学知识、技术服务和理论支撑。科技水平的不断提高，给社会带来了巨大的变化，也逐渐开始影响人们生活的方方面面。体育科技保障系统突出了科学研究的重要性，从不同学科、不同视角深层次地研究我国社会体育的内涵与外延，不断增加社会体育的科技含量，建立健身理论体系和组织管理体系，并从实际出发，开展体育健身方法手段、体育健身机理效果、体质发展变化规律等方面的科学研究，为广大人民群众提供健身服务，提高全民健身活动整体水平，从而达到提高健身效果、增强体质的目的。

5. 国民体质监测系统

国民体质监测系统是全面健身公共服务体系的重要组成部分，是在政府的倡导下，在社会各方的参与下，能为全体国民身体质量的现状及其发展变化提供多层次、多种类的测定服务的系统。构建该系统的目的在于长期动态观察和分析国民体质的状况和变化规律，为推动全民健身计划的实施提供科学的依据。

1996 年，国家成立了国民体质监测中心。国民体质监测中心主要负责并完成国民体质监测的领导、组织、管理和数据统计分析等工作，并逐步形成由国家、省（区／市）、地［市（直辖市为区、县）］三级国民体质监测中心和体质监测点构成的国民体质监测网络。为了保障广大人民群众享有基本的体育服务，国家要强化对社区和乡村的基层体质监测站、体质监测点的建设。

有学者提出国民体质监测体系基本构成因素包括宣传体系、国民体质监测体系、国民体质测定体系、国民体质干预体系、国民体质仪器设备体系、质量控制体系和组织管理体系。也有学者提出从组织管理体系、体质监测体系、信息服务体系、健身指导体系、健身设施体系五个方面来构建国民体质监测体系。

无论以何种内容结构来建设国民体质监测系统，国家在不断完善国家、省（区、市）、地［市（直辖市为区、县）］三级国民体质监测中心的同时，都要以亲民、便民、利民的原则来建立基层监测网点，最终以基层服务网点为依托点线结合，进而建成基本覆盖城乡的国民体育组织管理服务网络保障体系。

（二）全民健身服务体系

全民健身服务体系是直接为人们参与健身活动提供服务的系统。人们在体育健身活动中直接与系统中的各要素打交道，并由此享受这些要素带来的服务。全民健身服务体系包括六个子系统，即体育场地设施系统、体育活动指导系统、体育健身组织系统、体育消费市场系统、体育信息供给系统及体育宣传舆论系统。这六个子系统与体育健身活动密切相关，构建了人们参与体育健身活动必不可少的物质基础；并且这六个子系统之间紧密联系、互为支撑，使全民健身服务体系中的各要素充分发挥作用。

1. 体育场地设施系统

体育场地设施是人们参与体育健身活动的最基本的空间条件、物质条件。作为开展群众体育健身活动的硬件条件，体育场地设施的发展情况将直接影响全民健身事业的发展进程，直接影响全民健身计划的推进。完善和发达的健身设施是国民进行健身活动的前提条件，政府的资金投入主要侧重在这些方面。体育场地设施主要包括公共体育场馆，学校、机关和其他企事业单位的体育场地设施，社会健身休闲场地，商业性健身设施等。

（1）公共体育场馆

公共体育场馆主要是政府投资兴建的综合体育中心，主要是用于体育训练、竞赛、表演等，同时向群众开放，为全民健身活动提供场地设施服务。存在的主要问题是配套设施及服务不完善，开放不足。近几年，在全民健身工程的引导下，各地政府兴建了一批以服务群众健身为主要功能的综合性全民健身中心。这些场馆大多采取企业化管理，实行有偿服务，而公益性质决定其必须进行合理收费。

（2）社会健身休闲场地

由体育彩票公益金资助建设的全民健身路径工程主要在城市社区和农村基层有计划、有目标地配建一批群众体育健身活动场地设施。当前，城市广场、公园园林、江岸河堤也已成为群众晨、晚锻炼的主要阵地。全民健身工程建设主要通过全民健身路径、全民健身中心、雪炭工程和全民健身活动基地等四种模式来不断增加群众健身活动的场所，从一定程度上改变了城乡居民健身场地设施不足的现状。

（3）商业性健身设施

近年来，随着人们体育健身消费需求的增加，健身消费市场逐步形成。以营利为目的的健身中心、健身会馆、健身俱乐部等为人们提供了个性化、高水平的健身场地设施服务，满足了一部分有消费能力的体育健身爱好者的需要，弥补了公益性体育场地设施供应不足的缺陷。这也是公共体育服务体系多元化特征的内在要求，同时也搞活了体育场馆的投资建设和经营渠道，盘活了有限的体育资源，使其发挥了更大的作用。

2. 体育活动指导系统

体育活动指导系统为公众参与全民健身活动提供科学指导。科学健身是获得良好健身效果的重要保证，而健身指导服务是科学健身的前提。随着我国经济社会快速发展和人民生活更加富裕，人民群众对体育生活质量的新需求、对幸福生活的新期待及对体育健身的多样化需求势必要求更多的社会体育专业人员参与体育健身组织与指导工作。现实中，健身指导者的欠缺已成为制约广大城乡居民参与健身、休闲活动的主要原因之一。据不完全统计，经过几年的培训，我国现已有公益性社会体育指导员 35 万多人。职业社会体育指导员培训及资格认定工作也已启动。目前，在一些商业性健身机构中出现了不少以提供健身指导服务为职业的专业人员。学校体育教师、专业体育教练员、体育科研医务人员构成庞大的专业技术队伍，但他们在全民健身中的作用尚未充分发挥。因此，需要充分发挥他们的骨干作用，引领更多的人民群众参与到体育健身活动中。

3. 体育健身组织系统

社会组织是为了实现特定的目标而有意识地组织起来的社会群体，如企业、政府、学校、医院、社会团体等。众所周知，人类社会的产生和发展都与各种社会组织相联系，人类所取得的无数成就也都体现了支配与管理社会组织的能力。体育健身组织为群众参与体育健身活动提供组织与管理服务，是公共体育服务体系正常运转的重要保障。目前，根据我国体育组织的性质，可将其分为政府体育组织和非政府体育组织。政府体育组织系统主要是由国家体育总局、地方体育局、街道办事处和乡镇文化站（文体站）等组成。“非政府体育组织系统主要是由事业类、社会团体类和民间体育组织三个子系统组成”。不同的体育组织以不同的方式为广大群众参与健身活动提供组织支持。目前，一个在政府领导下，以体育社会团体为线，以基层体育指导站（点）为点的点线结合、覆盖面广、参与者多的群众体育组织网络在我国已初步形成，对推动和引导人民群众投身于全民健身活动起到了十分积极的作用。研究表明，当前我国群众健身的组织化程度还不高，表现为：一是数量不足，覆盖面不宽；二是社会化程度低，管理结构不完善，活力不足。为此，政府应为非政府体育组织创造适当的成长环境，提供政策、法律和税收等方面的支持，推动它们健康成长，为社会提供更多更好的体育产品与服务。

4. 体育消费市场系统

政府通过有效的市场运行，建立和完善一个门类齐全、结构合理、功能齐备的多层次的组织网络体系，为体育消费者提供满足不同需求的物质、精神产品。随着国民经济的快速发展和广大人民群众生活水平的不断提高，城乡居民体育健身和体育消费意识不断增强。为了满足人们多层次、多品种的体育健身物品和健身服务需求，政府势必要发展体育产业，开发体育市场，布局科学合理的体育产业结构。这是全民健身事业适应社会主义市场经济体制的必然结果，是人民在生活富裕后有选择地进行自己喜爱和需要的健身、健美、休闲、娱乐体育活动的客观要求，也是推进体育事业继续发展的必由之路。

然而，目前我国体育产业还存在体育消费市场的供需并不很平衡、整体规模偏小、在经济结构中所占的比重较小、商业化运作水平不高、体育产品结构单一、市场多元化开发不够、相关产业的潜能没有充分发挥等问题。因此，为了构建多元化公共体育服务体系来满足广大人民群众日益增长的体育健身、健美、娱乐和休闲等方面的需求，一是要加强体育消费观念的宣传，正确诱导和激励公众对体育的需求，引发其体育消费的动机，达到使其健康消费的目的；二是要细分体育消费市场，注重开发的层次性；三是要加快体育设施建设，提高场馆设施服务质量；四是要加强对体育消费市场的规划、监督和管理。

5. 体育信息供给系统与体育宣传舆论系统

建立完备的体育信息供给系统与体育宣传舆论系统（此处简称体育信息、宣传系统）是增强和提高公共体育服务体系整体功能和服务水平的重要路径。随着全民健身计划的实施和公众体育健身需求的发展，健身信息传播受到各方面的关注。体育信息、宣传系统包含信息咨询服务系统，信息收集、分析、制作系统，信息资源管理系统，信息宣传及接收系统等子系统。政府可借助各种媒介，通过口头宣传、文字宣传、形象化宣传等各种宣传手段，在全社会营造“全民健身、健康第一”的舆论导向，最大限度地影响人们的意识和行为，从而引导更多的民众参与体育健身。体育信息、宣传系统能为人们参与全民健身活动与交流提供信息服务；能传达全民健身所需要的健身场所、健身消费、健身组织、健康健身指导、健身知识、健身感受等方面的信息，不断提高人们的健身参与程度和健身活动水平，充分发挥健身资源的效益。由此可见，建立完备的体育信息、宣传系统，不仅可以为全民健身运动创造良好的社会环境，还可以激发人们对体育的兴趣，促使更多人积极、主动地参与健身活动。

目前，我国已经初步形成了健身信息网络，对推动全民健身计划的实施产生了积极作用。但是从总体上看，信息提供的动力还不足，零星的信息缺乏整合，传播内容单薄，传播主要依靠传统手段，渠道单一，传播的范围、速度和效果受到一定限制，宣传效果欠佳。因此，要加强对全民健身信息的收集、发布和科学管理，以整合信息服务供给网络为依托，推进全民健身服务信息化平台的建设；要按照“三贴近”原则，切实做好典型宣传、热点引导、舆论导向等全民健身宣传舆论推广工作，帮助国民转变观念，引导进行科学健身和促进体育生活化。

（三）全民健身绩效评估体系

全民健身事业是政府提供的公共服务的组成部分之一，与其他公共服务有着共同的社会基础并且秉承相同的价值理念。因此要加强政府全民健身事业的社会管理和公共服务职能。构建比较完善的公共体育服务体系的终极目标是充分实现公民的体育权利，并逐步实现全体人民体育健身基本公共服务均等化，提高国民健康素质，把我国逐渐建设成一个体育强国。全民健身公共服务的绩效考核也应以此为评判的标准。具体来说，在健身场地设施明显改善的基础上，对全民健身公共服务的绩效评估，要看全民健身公共服务是否提供更加丰富的社会体育活动，是否帮助公民获得更多的享受体育健身的机会和更加充分的体育参与权利，还要看国民的健康素质是否有所提高以及体育人才培养情况等。

我们认为，政府通过公共体育服务体系的绩效评估，能够实现以下目的：一是提高全民健身公共服务质量与水平，满足全体公民体育健身需要；二是形成激励机制，充分调动体育公共事业工作人员的积极性、创造性；三是调整公共体育事业资源配置，提高基本公共体育资源利用率；四是增强公共体育事业组织公信力，实现公共体育服务体系良性发展。

总之，全民健身公共服务的保障体系、服务体系和绩效评估体系三者是相互联系、相互影响的。没有保障体系则没有公共体育服务体系，因为没有这些保障和支持，便没有人们参与体育健身活动的基本条件，即便有条件也不能持久。同时，政府通过绩效评估体系可以提高全民健身的服务质量，满足社会公共需求，提高体育资源的利用率；通过绩效评估还可以形成激励机制，实现公共体育服务体系的良性发展。无论是全民健身公共服务的保障体系、服务体系，还是绩效评估体系，每个体系的二级子系统下，都包括若干个三级子系统、四级子系统等，进而构成了公共体育服务体系的内容体系。

第六章　公共体育设施体系的构建

第一节　公共体育设施体系建设的重大意义

一、承担体育事业发展和全民健身重任的物质载体

加强和改善公共体育设施服务是各级政府履行公共服务职能的重要内容。公共体育设施是国家发展体育事业的基础条件之一，是实现《中华人民共和国体育法》确定的我国体育工作目标和完成国家体育基本任务的重要物质载体，可以更好地实行全民健身计划，进一步改善国民体质与健康条件。

此外，一直以来党和政府高度重视群众体育的发展问题，尤其注重群众身边的体育场地建设。从政府体育工作的方针和部署来看，公共体育设施的规划和建设已成为当前我国体育事业发展的重中之重。公共体育设施对于提升国民意志品质和身体素质水平、拉动体育消费需求有着重要的意义。

二、建设和完善公共体育服务体系的基础核心环节

公共体育服务体系建设是一项庞大而复杂的系统工程。我国公共体育服务体系主要包括公共体育设施、组织、供给、政策法规和绩效评估五个

子体系。公共体育设施体系的规划建设是我国公共体育服务体系的基础核心环节，是提供公共体育产品和服务的载体，是公共体育服务体系的基础。它是由满足公众公共体育需求的各级各类体育场馆和健身场所设施等要素构成的有机整体。按照基本概念来讲，公共体育设施指各级人民政府或社会力量举办、向公众开放用于开展各类体育活动的公益性体育馆、体育场、游泳池、灯光球场、社区体育中心、体育健身苑点、体育公园等的建筑物、场地和设备。

三、直面当前我国公共体育设施建设的现实问题

改革开放以来，随着我国经济的增长，人民群众对体育需求的不断增长，我国公共体育设施建设日新月异，政府的投入大幅度增长，公共体育设施对竞技体育、群众体育以及体育产业发展的作用日趋凸显，为我国公共体育服务体系的建设提供了重要的载体，是我国公共体育服务体系的坚实基础。我国公共体育设施具有极大的发展空间，各级政府均加大了对公共体育设施的资金投入，将公共体育设施建设纳入城市总体规划范围，在不断增加体育设施数量的同时，也在不断完善现有体育设施功能，提高体育设施质量。但同时，我国公共体育设施建设仍是我国基础设施建设的薄弱环节，还存在着布局不合理、基本数量较少、缺乏维护和管理、利用率不高、资金投入不足等诸多问题。以上各种问题如果得不到合理有效的解决，将不利于我国公共体育设施的建设和运营，不利于公共体育服务体系建设的顺利推进。

四、保障和维护人民群众健康和切身利益

建立健全公共体育服务体系的根本目的和出发点就是要满足我国人民群众日益增长的体育参与健身需求，公共体育设施体系的建设则是广大人

民群众参与体育活动的必要前提和物质条件。中共中央和政府高度重视我国体育设施建设情况，我国体育设施的建设从一开始就是要保障和维护人民群众的切身利益，它成了我国政府和体育部门发展惠民、为民办好事和办实事的重要途径，成为全心全意为人民的体质与健康服务的具体体现。改革开放以来，随着人民群众对物质文化需要的不断增长，广大人民群众对公共体育设施的需求也同比增长。面对我国公共体育设施供给不足与人民群众需求不断增长的矛盾，我国各级政府和体育部门始终将群众健身的场地设施建设、管理和使用作为全民健身的重点环节和重要问题，在全国各地开展“全民健身工程”“雪炭工程”“体育彩票综合健身馆”等项目推进公共体育设施建设,最大限度地保障和维护了人民群众的体育健身需求。

第二节 公共体育设施建设的基本构架

公共体育设施建设是一项参与主体多样、涉及部门众多、服务对象广泛和内容供给多元的庞大系统工程。城市社区公共体育设施、农村公共体育设施与大型公共体育场馆构建了我国公共体育设施建设的基本框架。

在公共体育设施建设的体系框架中，城市社区体育设施的建设是重要组成部分。它又可根据行政级别分为市级、区级和社区级公共体育设施。市级公共体育设施是指以全市及更大区域为服务对象的体育设施，市级公共体育设施是为全市人民服务的，是城市基础设施的重要组成部分，也是现代城市必须具备和完善的重要功能。区级体育设施是指以区级行政分区为服务对象的体育设施，它是根据地区社会经济发展情况和人口分布情况而建设的有较强实用性的、功能性的体育设施，邻近人口居住较多的组团区域，便于群众健身。例如城区健身步道、自行车道等。而社区级体育设施则是指在街道办事处辖区内的体育设施，以全体社区成员为主要对象，就近开展区域性的群众体育设施。

我国农村公共基础设施的建设是为了改变村级公共体育设施匮乏的状况，遏制城乡公共体育设施差距扩大趋势和推动农村的体育建设。对于农村来说，改善农村公共体育设施，有利于农村群众开展体育活动，增强农民身体素质，培养他们的健康文明生活方式，提升农民生活质量并改善农民生活条件，推进农村发展，增强农民的幸福感。

大型公共体育场馆的建设现在已经成为城市建设的亮点，大型公共体育场馆也是城市的标志性建筑。体育场馆作为城市里的独特建筑，其设计和建筑风格都展现了城市的主体形象，具有鲜明的指示性和个性，能够给人留下深刻而美好的印象。

第三节　我国公共体育设施发展现状

改革开放以来，我国公共体育设施的建设在质量上和数量上都取得了显著的进步，设施种类日趋多样化，国家财政投入不断提高，体育设施的普及率也有了明显提高。首先，随着经济社会的快速发展和人民生活水平的不断提高，城市居民体育锻炼意识不断增强，体育服务需求日趋旺盛，全民健身活动蓬勃开展，我国经常参加体育锻炼人数已超过 4 亿，体育健身已逐渐融入群众日常生活；其次，随着“农民体育健身工程”的逐步实施，广大农村地区的公共体育设施建设稳步推进，农民参与全民健身的条件大为改善；加之，我国大型公共体育场馆建设发展迅速，特别是大型公共体育场馆的公共服务能力有所提升，我国公共体育设施的建设与发展为我国体育事业的发展以及为我国实现体育强国目标提供了有力保障。

一、我国城市社区体育设施发展现状

（一）城市社区体育设施类型不断丰富

新中国成立之初，由于当时国力非常有限，建设任务繁杂，国家无心也没有足够的财力来建设体育场地设施，体育设施的建设基本处于停滞状态，只有不足5000个可用的体育场地，其中社区体育设施基本处于空白阶段，社区体育活动多数为民间体育项目，如毽球、跳绳、拔河、空竹等不需要专门场地的活动。随着大众体育健身意识的日益增强以及体育项目的不断更新，以开展全民健身活动为主的非标准体育场地逐年增加和不断多样化，城市社区体育设施的类型得以丰富，由传统的单一型逐步走向现代的多功能型。目前，我国社区主要有健身路径、羽毛球场、网球场、篮球场、游泳池、乒乓球馆、台球厅、棋牌室等大众化的体育设施，同时一些新兴的体育设施逐步落实进入发达城市中的高档社区。

（二）城市社区体育设施法规日益完善

社区体育设施的法律法规是社区体育设施建设、管理、发展及延续的重要保证。为了满足和保障大众体育健身、休闲娱乐的需求，近几十年，国家各部门陆续制定、出台和修订了一系列相关的法律法规，旨在从法律层面确保我国社区体育设施的建设与管理。与此同时，各级地方政府根据当地的实际情况也制定和出台了社区体育设施建设与管理的具体条例和办法与之相呼应。

（三）城市社区体育设施满意度逐步提高

随着我国社会经济的快速发展，各级政府对城市社区体育设施的建设越来越重视，加上各项体育法律法规的日益完善与不断落实，近些年来，我国城市社区体育设施的建设与管理取得了显著的进步，大众对体育设施的总体满意度稳步提高。

（四）城市社区体育设施资源整合不断推进

我国城市社区体育设施中有70%左右的体育场地资源分布在教育系统，其中绝大部分集中在学校。整合学校体育设施和公共体育场馆资源成为有效弥补社区体育设施短缺的重要手段之一。为了推进城市公共体育设施资源的共享，各级政府制定了一系列法规和办法来促进学校体育设施和公共体育场馆的对外开放，并取得了一定的成效。近年来，学校体育设施和公共体育场馆的对外开放率有所提高。与此同时，城市公园、广场、绿地的开发与利用逐步得到重视，城市公共开放空间已成为大众体育健身和休闲娱乐的好去处，为促进社区体育设施资源共享起到了积极的作用。

二、我国农村公共体育设施发展现状

（一）农村公共体育设施建设规划起步

完善的公共体育设施建设规划是农村公共体育设施发展的前提，可以保证农村公共体育设施在标准和系统方面的一贯性。

农村公共体育设施规划和城市公共体育设施规划相比，出台的时间较晚。如《农村体育工作暂行规定》提出：农村应当在全面推进小康县、小康乡镇、小康村的建设中，搞好体育场地设施建设。县、乡镇、居委会应当坚持多样、实用、就近、方便的原则，在群众居住区建设体育设施。有条件的县和乡镇可建综合性群众健身活动中心，不断扩大提高农村体育场地设施的建设规模和水平。随着我国城镇化建设的推广，很多地方开展新农村建设和新型农村社区建设，成规模和人口密度较大的农村聚居区已经出现，为我国农村公共体育设施服务发展提供了良好的契机。

（二）农村公共体育设施建设投资以政府投资为主

就农村公共体育设施投资状况而言，以国家财政投入为主，体育彩票公益金等也发挥了重要作用。从国家整体层面来看，农民体育健身工程的主体是农村公共体育设施建设。

我国农民体育健身工程建设投资整体呈现：东中部地区较少依赖中央资金，较多依靠地方自筹资金建设，而西部地区则较多为中央资金投入建设的特点。这主要是由于东中部地区相对于西部地区经济较为发达，能够有实力促使社会资金较多的介入，尤其是东部沿海发达地区，社会资金在农民体育健身工程中达到了很大的比例。就我国农村公共体育设施投资而言，目前以政府和体育行政部门为主，体育彩票公益金发挥了重要影响。

三、我国大型公共体育场馆发展现状

（一）大型体育场馆数量快速增长

近年来，随着我国各地经济发展水平的提高和地方社会事业的快速发展，各级地方政府对大型体育场馆建设的重视程度日益提高，大型体育场馆建设被纳入议事日程。同时，随着全运会、省运会、城运会等大型体育赛事在各城市的轮流承办，进一步推进了各地大型体育场馆的建设。

（二）大型体育场馆功能逐步多元

大型体育场馆功能设计的复合化和多元化是其建设发展的重要趋势。各地在大型体育场馆建设过程中为缓解和解决赛后运营困难，在大型体育场馆规划设计时就考虑了场馆的多功能设计，通过融入多元功能，使大型体育场馆具备多种使用功能，以提高利用率。各地在大型场馆建设过程中普遍融入了宾馆、酒店、会展、休闲设施、商业、办公等多种设施，甚至部分城市大型体育场馆在建设过程中直接将体育和会展功能结合，建设体育会展中心，满足体育、会展等多种功能需求，如南通体育会展中心、哈尔滨体育会展中心等。

（三）大型体育场馆服务能力稳步提高

近年来，随着群众体育健身需求的日益高涨和政府对公共服务体系建设投入的不断加大，大型体育场馆在公共体育服务系统建设和供给公共体育服务中的作用日益凸显。大型体育场馆的服务能力逐步增强，为群众提供的服务项目和服务内容不断丰富。除了日常的全民健身、体育技能培训和健身指导外，多数大型体育场馆还向群众提供体质监测、个人陪练、体育用品、赛事组织与策划等个性化、差异化的体育服务。此外，许多大型体育场馆利用附属空间和配套设施开展多元化经营，为群众提供休闲、娱乐、餐饮、商业等多种服务，多元的群众体育消费需求得到满足，服务质量不断提升。

第四节　我国公共体育设施发展建设的对策建议

一、分类推进公共体育设施体制改革，增强各类公共体育设施公共服务能力

（一）明确主体，加强监管，保证城市社区体育设施发展的管理成效

明确政府是城市社区体育设施发展的主体，发挥其城市社区体育设施建设中的作用并规范其投资建设的范围。在城市社区体育设施发展过程

中，政府的作用主要体现在两方面，一个是管理方面，另一个则是保障方面。管理就是通过行政、法律等手段对城市社区体育设施进行规划布局，制定相应的监督管理政策。保障主要指资金保障和后期保障。对政府在社区体育设施领域的投资范围，起到资金保障的作用，严格界定政府的投资范围；协调各部门，按指标要求验收建成的社区体育设施。

建立社区体育设施发展的长效机制，完善监督机制。长效机制是社区体育设施有效建设与治理的关键。社区体育设施发展归根结底是建设与管理的问题，核心就是要解决建什么、怎样建、管什么、怎样管等问题。完善监督机制的主要任务是解决如何发挥政府、媒体、社区组织等主体的监督作用、如何消除监督机制的阻碍问题、如何建立一个符合市民利益和可行的监督机制等问题。

明确体育职能部门的职责，提升监管能力。体育职能部门理应成为体育场地设施建设与监管的主要职能部门。在体育设施建设过程中，管理与监管是体育行政部门的主要职能。管理职能就是体育行政部门应该根据现有体育设施的实际情况，制定相应的管理政策；监管职能就是积极参与规划，对已规划的体育设施应制定相应的验收指标，确保体育设施建设的实施，建设工程竣工验收时，体育行政管理部门应主动参与验收工作。

探索城市社区体育设施管理模式，提高设施管理水平。城市社区体育设施作为一种具备准公共产品性质的物质存在，可以适当地通过市场的供求机制来对其进行资源优化配置。在社会主义市场经济体制下，城市社区体育设施的供给越来越需要多元化的主体。政府虽然还是城市社区体育设施的产权所有者，但是可以更多地吸纳社会力量参与其管理，采取多样化的管理形式。一是政府购买服务管理模式。其实质是政府可将社区体育设施服务承包给专业的运营商进行管理，并通过竞争招标的手段来选择符合要求的代理人，即承包商。政府购买服务模式可以改变政府既是“运动员”又是“裁判员”的双重身份，引入市场竞争机制，更有效地进行资源配置，进而降低成本，提高服务质量。二是采用用者付费的管理模式。社区体育设施服务领域可以引入用者付费的机制，政府部门应该积极探索和运用这一模式，提高社区体育设施的服务水平与质量。用者付费管理模式仅适用于公共部门里的准公共产品，社区体育设施作为准公共产品之一，其运营管理可以使用用者付费，准公共物品的消费具有一定的竞争性，能以较低的成本将拒绝付费者排除在外。因此，准公共产品可以采用用者付费工具弥补其供给成本，通过市场进行资源配置。

（二）创新管理体制，激活农村公共体育设施供给环境

改变决策形式，形成自上而下决策和自下而上改革的有机结合。短时间内，农村公共体育设施供给过程中自上而下的决策形式不会得到彻底性的改变。现阶段，在农村公共体育设施建设过程中，需要更加重视农民体育需求的表达。由于我国农村地区区域广大，民众需求多元化，因此应坚持区域化和民族化的供给原则。

改变既往“农民体育健身工程”的发展思路，不要求全国统一的体育设施供给，而是需要充分考虑区域特征和民族习惯，结合农村常住人口的体育需求特点，进行农村公共体育设施供给。重视农民群体的体育需求，强化以农民群体的需求为引导，促进农民所需的体育设施供给，奠定农民体育设施有效利用的基础。

改变管理形式，创新管理制度，完善产权结构，强化制度建设，明确各类主体的责任。《关于加快发展体育产业的指导意见》中明确提出“加强公共体育设施建设和管理”，对我国公共体育设施建设与管理提出明确

要求，针对农村体育设施的特殊状况，需要加快属地管理的发展进程，进一步探索主体间的产权分割，地方政府对农村公共体育设施的管理义务等。

（三）积极推进场馆管理体制改革，增强场馆供给公共服务能力

场馆供给公共服务长期受事业单位管理体制限制，亟须参照事业单位改革的要求，深入推进场馆管理体制改革，设计利于场馆公共服务的各项制度，提高场馆供给的公共服务水平。

中小型场馆以提供基本公共体育服务为主，可以根据公益一类事业单位进行改革，继续保留事业单位，所需经费全额纳入财政预算，实行收支两条线，场馆免费或低价向群众开放，为群众提供基本公共体育服务。大型场馆除提供基本公共服务外，可提供非基本公共服务，具有一定经营性质。也可以根据公益二类事业单位进行改革，继续保留事业单位，由政府以购买公共服务、财政补贴等方式予以支持，场馆管理机构主要从事公共体育服务的提供和场馆的日常运行。同时，成立场馆运营公司或引入专业运营机构，建立市场化运营机制，对大型场馆的经营性业务进行开发和运营，借助企业制度设计的优势，消除事业单位财务预算管理和人员编制管理对场馆市场化运营的不利影响，引入场馆亟须的市场开发专业人才，提高大型场馆的市场运营能力，通过大型场馆的市场化运营反哺公共体育服务。

场馆不论是按公益一类还是公益二类进行改革，均应尽快建立健全社会统筹的养老、医疗等社会保障制度，改革传统的行政事业单位社会保障体制，以减轻场馆运营在养老、医疗保险等方面的负担，增强场馆供给公共服务的能力。

二、强化顶层设计，优化供给制度，提升公共体育设施专业化水平

（一）整合资源，拓宽投资渠道，优化城市和社区公共体育设施供给制度

加大扶持，拓宽投资渠道，保障城市社区体育设施发展的财政投入。在公共领域，政府始终是制定政策和执行监督政策的主体。城市公共体育设施是城市公共基础设施的重要组成部分，其建设资金的投入也是公共财政支出的重要组成部分。应以政府投入为主，各级财政结合城市总体规划保障公共体育设施建设资金的需要，同时可以采用体育彩票公基金、社会捐赠等多种资金投入方式，形成多元化投资体制和开放型运营的新格局，进而促进公共体育设施建设资金来源的多元化，以求缓解因国家投入不足而体育场地建设短缺与大众体育需求剧增的现实矛盾。在吸引社会企业或个人参与投资与管理过程中，引进激励机制。政府可适当采取免税收、适当减免土地出让金等优惠政策，甚至还可以制定奖励政策，对社区体育设施面积超过规划规定的企业进行奖励，旨在引导企业自觉主动参与社区体育设施建设。

整合资源，协同发展，扩大城市社区体育设施服务功能的外延。整合城市社区体育设施资源可以从以下三方面来推进城市社区体育设施系统内外的资源共享：一是调整城市中大、中小型体育设施的布局与比例，使其趋于合理化。因为不同规模的体育设施互相之间具有功能与经济互补作用，它们之间是相辅相成的，具有相互促进和共同发展的密切联系。二是扩大社区系统外体育设施资源的共享。加强社区体育设施建设的同时，应促进社区体育设施与学校体育设施资源间的共享，提升公园、广场、绿地

等城市公共开放空间的开放与利用，系统外体育设施资源的共享是解决目前社区体育设施匮乏的最有效途径之一。三是促进社区系统内体育设施资源的共享。促进社区内部各个小区或组团内的体育设施的资源共享，提高设施的利用率；相邻各社区间实现资源共享，降低单个社区的建设运营成本。

（二）革新滞后投资和供给形式，整合农村公共体育设施资源

改变投资形式。形成以政府投资为主、其他投资为辅的投资格局。农村体育场地设施供给主要依靠政府，但考虑到我国地域辽阔，不可能由中央政府负担全国农村所有体育场地设施的供给。同时，又考虑到我国农村基层政府财力有限，难以提供广大农民所需的体育场地设施。需要结合不同层次的需要，对体育场地设施进行分类，由中央政府、省级政府、地方及农村分别生产和提供不同层次的体育场地设施。同时可以吸收各种形式的资本来解决上述渠道筹集资金的不足。

筹集农村体育场地设施生产和建设资金可供选择的渠道、途径和手段有以下几种：第一，完全在公共财政的制度框架内解决。目前，我国农村体育场地设施的供给基本是依靠政府。第二，由政府和私人通过谈判的方式联合供给体育场地设施。这类的体育场地设施一般是属于较高层次的公共产品。这种公共产品通常可以通过清晰界定产权，赋予私人部分收益权。第三，完全由私人或非营利组织提供。

体育与其他公共服务项目整合，不仅不会减少农村公共体育服务的投入，而且在很大程度上，村级公共服务中心具有宣传、教育和娱乐三大功能，是吸引群众、教育群众和提高群众的重要场所。村级公共服务中心设有农家书屋、电脑室、卫生室和多功能活动室，还配备篮球场、乒乓球馆、演出小戏台、宣传专栏等设施，设备配套齐全。村民在节假日或闲暇之时，

可根据自己的爱好到服务中心参与各项活动。

可以吸引其他资金注入，实现农村公共体育服务投入的增加。促进公共服务中心建设，不仅将使体育活动获得较好的社会认可机会，同时与其他项目在一起，最大化地吸引村民对体育活动的关注。

目前，很多地方将村级公共服务中心建成具有“文化体育”“便民服务”“农民培训”“综治调解”“农家购物”等综合功能的居所，可以充分满足群众办事、就医就学、休闲购物、健身娱乐、培训就业等生产生活需要，此举获得了农村群体的一致好评。

（三）实施专业化运营，提升大型体育场馆供给公共体育服务水平

场馆实施专业化运营，首先应建立相应的公共服务标准、运行标准等标准体系。场馆应加强对现有标准和场馆运行规范的执行工作，建立健全的场馆服务质量控制体系，优化服务流程，提高服务质量。场馆应实施专业化运营，积极引入专业运营机构，采用招投标方式确定场馆运营机构，鼓励对场馆实施委托经营，尤其是对于各地新建的场馆原则上应实施委托经营，以实现场馆所有权与经营权的有效分离。此外，场馆实施专业化运营，还应借鉴国外场馆特别是社区体育中心运营的成功经验，积极培育各类体育社会组织，将场馆打造成各类体育社会组织的活动基地，由社会组织利用场馆资源组织开展各种体育活动，为群众提供各种专业化体育服务，丰富场馆活动服务内容，提高场馆供给公共体育服务的专业化水平。

地方政府作为场馆建设的责任主体，应加大对场馆建设的投入，将场馆建设所需资金纳入地方基本建设投资预算，确保场馆建设所需资金。同时，应积极拓宽场馆建设资金来源渠道，改变过去过于依赖财政资金的局面，多渠道筹集场馆建设资金。创新场馆融资方式，积极推行公私合营，

鼓励地方政府采取政府购买服务、建设—转让、建设—经营—转让等多种方式支持建设场馆。对于地方建设的中小型场馆，以提供基本公共体育服务为主，属于政府财政保障的重点，社会力量难以参与。因此，地方政府财政对中小型场馆的建设资金应优先予以保障，并积极申请中央财政预算和各级体育行政部门对“全民健身活动中心”等项目建设的专项资助。

此外，地方财政应逐步加大对场馆运行的财政保障力度，加大对场馆后续运营的投入，确保场馆公共体育服务的提供。目前，中央已启动对于体育场馆免费和低收费向社会开放的补贴工作，地方政府也应做好相应政策的跟进工作，通过向场馆购买公共体育服务、财政补贴等方式，加大对场馆运营的支持力度，使得场馆能够安心提供公共体育服务，促进公共体育服务的供给。

三、科学规划，优化布局，重视落实，明确公共体育设施的空间布局规模

做好公共体育设施规划等顶层设计工作是实现公共体育设施建设的重要前提。对全国公共体育设施规划、建设和利用应进行统筹安排，要立足于整体性视角确立公共体育设施的发展规划。在具体规划层面，要完善国家整体规划、省市规划和区县规划的统一和协调，将公共体育设施专项规划列入地方区域经济社会发展总体规划中。由于在控制性详细规划阶段涉及土地使用、单位产权、交通状况、周围资源等多种条件的约束，因此在控制性详细规划中要重点考虑体育设施的综合布局与规模，并由体育部门会同规划部门编制体育设施专项规划，明确各级各类体育设施的规模、布局和建设时序。针对各类公共体育设施存在的不同状况，具体建议如下：

（一）优化布局，重视落实，提升城市社区体育设施的空间布局水平

编制专项规划纳入控制性详细规划，进一步完善设施规划编制体系。社区体育设施的建设应遵循城市规划的基本规律，将规划编制分为总体规划、分区规划和详细规划三个不同的阶段。三个阶段是层层递进和不断细化的过程。其中总体规划是以城市总体规划为基点的顶层设计。控制性详细规划阶段是其中最关键的一个环节，主要协调好土地使用、单位产权、交通状况、周围资源等诸多问题的制约，设计好近期建设方案，布局好大中小型公共体育设施健身地块，明确社区体育设施建设的具体要求，综合考虑城市社区体育设施的布局与规模，确保城市社区体育设施建设的顺利进行。在控制性详细规划编制过程中，体育行政部门应和规划部门一起编制城市体育设施专项规划，提前考虑好近期的主要工作预案，明确各类体育设施的规模、布局和建设时序。规划、整合和盘活现有资源，促进城市公共体育资源实现共享。

建设社区体育设施的企业，应当积极密切配合规划部门、相关体育部门等相关部门，协调解决建设过程中出现的问题。体育行政部门应当制定相关措施，建议有关部门在制定社区体育设施建设规划时，应充分考虑居民参与体育健身的便利性、安全性以及体育健身设施健身环境的优劣等，并将这些重要指标进行量化，形成一套完善的验收与评估管理指标体系。跟踪监督城市社区体育设施的规划、建设的审批、审核、审查、监督等流程，形成一套完善严密的监管机制，把社区体育设施的建设与小区的建设捆绑，保障建设按照规划完成。

资源优化配置与空间合理布局。为了优化配置体育设施资源，建议利用学校和企事业的体育设施资源，实行资源共享。要通过转变观念，跨越

体制性障碍，构建有利于合理配置和有效利用现有资源的管理体制和运行机制，使社区体育设施普遍不足的问题逐步得到缓解。城市社区体育设施按规模大小可以分为社会体育中心、社区体育中心和社区健身设施三个级别。选址是社区体育设施空间布局的关键，建设地址的选择需要与周围的人口、环境、交通等多方面综合考虑，使得布局更加合理，居民能够更便利地使用体育资源。各级社区体育设施的布局与功能不尽相同。社会体育中心建设规模较大，综合性强，主要满足承办社区内的各种大型体育赛事的需求；社区级体育中心规模相对较小，功能较单一，主要是以实现居民日常体育锻炼为目的，同时可以举办日常的社区活动；社区健身设施属于微型体育设施，主要分布在每个小区中，旨在使大众享受到便民的体育服务。

（二）改变规划弱势，强化农村公共体育场地设施服务的整体规划

我国农村公共体育设施发展，首先要立足于从整体视角确立农村公共体育设施的发展规划。对农村公共体育设施的规划、建设和利用做统筹安排，学者对社区体育配套设施规划、建设和管理的新模式进行了论述。

在规划层面，完善国家整体规划、省市规划和区县规划的编制工作，在区域经济社会发展中列举公共体育设施专项规划，并且在我国区域公共体育服务发展的基础上，适时调整农村公共体育设施的各项指标。在农村公共体育设施建设方式上，建议以划拨方式供给所需土地，利用村级公共用地建设农村公共体育设施。将农村公共体育设施供给责任进行分解，采取委托代建制，农村公共体育设施建成以后，由公共体育设施所在地的村级组织或专业体育社会团体承担农村公共体育设施的管理责任。

（三）优化大型体育场馆设计，实行“建改修”并行措施，实现科学合理布局

优化场馆公共服务功能设计，鼓励共建场馆。提高大型体育场馆的公共服务功能，首先应从源头上解决问题，更新发展理念，从场馆的规划和设计着手，优化场馆功能设计，完善场馆公共服务功能，充分考虑赛后供给公共体育服务的需要，对场馆进行复合化设计，融入多种功能，适当提高容积率和建筑强度，对场馆进行竖向叠加设计，鼓励建设多层复合化场馆，使之具备文化、体育、社区服务等多种公共服务功能，实现场馆建设用地的集约利用，将场馆从单一的体育中心设计成为城市的综合体和城市生活中心，以为大型体育场馆赛后供给公共体育服务提供硬件基础。从目前场馆建设的情况来看，群众身边的场馆最为缺乏，需求最为迫切，但用地也最为紧张。在当前国家实施严格的土地管理制度之下，不断提升土地集约利用水平的背景下，为确保群众身边场馆的建设用地，各地政府根据国家的要求在优先确保场馆建设用地的同时，应积极提高场馆建设用地的集约利用水平，鼓励文化、体育、教育等不同部门以及不同层级政府机构之间合作共建、共用场馆，实现资源共享，避免进行重复建设，节约利用土地，以提高场馆的使用率，避免场馆闲置。

加快中小型公共体育场馆建设，改善公共体育服务供给基础。鉴于各地热衷大型场馆建设，而大型场馆后期利用困难，闲置比较严重的问题，今后各地应适度控制大型场馆的建设。各地承办大型体育赛事应充分利用现有场馆，通过对现有场馆增加临时看台、活动座席等临时设施以及搭建临时场馆等措施，满足承办大型赛事的需求。尽量控制新建大型体育场馆，将有限的资金主要用于中小型场馆建设上。中小型场馆设计应以满足群众健身需要为主要目的，尽量具备多种使用功能。

改建现有场馆，提高现有场馆公共服务能力。为促进场馆公共体育服务的供给，增强现有场馆的公共服务供给能力，应注重对现有场馆的改造，增设公共服务设施，提高现有场馆的公共服务能力。虽然现有多数场馆功能较为单一，利用率不高，但现有场馆多位于城市中心，靠近居民生活区，群众使用较为便利。因此，在今后场馆的发展中应加大对现有场馆的开发利用，投入一定资金对现有场馆进行改扩建，增添部分公共体育服务设施，增建部分室内空间，完善现有场馆的公共服务功能，提高服务能力。在改建现有场馆过程中应特别注重对广大中小学体育场馆的改建，借助中小学体育场馆数量众多和交通便利的条件，将部分学校的体育场馆改建成社区体育活动中心，同时满足中小学体育教学和社区居民健身的需要。

此外，应注重对部分年久失修的大中型场馆的转型改造，部分修建年代较为久远的大中型场馆承办大型活动的功能已被新建的场馆所替代，应逐步转型为以全民健身为主。国内部分城市如南京市将原南京体育馆拆除，在原址上修建了21层高的全民健身中心；上海市闵行区将原来的江川体育场改造为江川体育活动中心，增设室内健身馆、游泳池等设施，服务功能得到完善以后，吸引了大量居民前来健身。因此，应注重和加强对现有场馆的转型升级和改造，完善服务功能，以提高现有场馆的公共服务能力。

四、完善相关法律法规及配套政策，扩大公共体育设施服务功能外延

（一）完善法律，制定政策，改善城市社区体育设施发展的制度环境

改善当前社区体育设施规划、建设和管理需要的法制环境，共建良好

的社区体育设施发展法制环境，保障其进行健康可持续的发展。

制定和完善指标体系，提高法律法规可操作性。完善社区体育设施指标体系，分区分类进行指导。社区体育设施指标体系主要包括建设指标体系和验收指标体系。社区体育设施建设指标体系主要衡量社区体育设施建设的基本要求，主要指体育设施规划设计标准、相关配套设施标准以及设备标准。由于我国地域差异性大，统一的指标体系也难以符合不同城市和不同社区的实际需要，应根据不同城市和不同社区进行分类，根据就近原则，区域统筹社区间的体育设施，适时进行动态调整。建立合理而详细的社区体育设施验收指标体系。目前，我国城市社区体育设施的验收指标体系还不完善，可操作性差，造成社区体育设施建设的质量与数量难以度量，不重视验收工作成为我国城市社区体育设施建设过程中突出的问题。

社区体育法律建设不是孤立的个体行为，必须与国家的法制建设统一起来。各级政府行政部门要以当地社会经济的发展实际水平为依据，及时制定或修订有关社区体育设施方面的地方性法规，理顺不同层级法律法规条文之间的关系，保障法律法规的统一性和实效性。

（二）因地制宜制定政策，加强政策执行力，保障农村公共体育设施建设工作顺利进行

做好农村公共体育设施需求的调查研究工作。深入基层调查研究，既是我们党的优良传统，也是我们制定政策的前提和依据。我国农村地区覆盖范围广阔，民众的生活水平和生活习惯相差很大，由此带来的体育锻炼意识和体育锻炼需求也存在较大差异。特别是近年来，随着农村城镇化进程的逐步加快推进，农村地区的常住居民结构也在悄然发生改变，这都直接影响着公共体育设施的供给。因此，深入到广大农村地区进行自下而上的调查研究十分必要。这有助于我们了解农村居民在公共体育设施需求上

的特点及其变动趋势，明确农村地区在公共体育设施供给中的突出矛盾与突出问题，为做好农村公共体育设施的规划与政策制定打下基础。

农村体育设施的经营与管理还是要靠数量充足、结构合理和素质过硬的人才资源作为依托，包括农村体育健身指导人员在内的农村体育设施的管理人员队伍，必须通过专业、集中、科学的培训才能构建和造就。同时，如何吸引一批懂经济和会管理的多学科人才兼管和组织农村体育健身活动也是当前农村体育事业发展面临的重要课题。

（三）制定标准，落实政策，完善考核机制，保障大型体育场馆服务能力

加大财政保障力度，保障场馆供给公共体育服务。地方政府作为场馆建设的责任主体，应加大对场馆建设的投入，将场馆建设所需资金纳入地方基本建设投资预算，确保场馆建设所需资金。同时，应积极拓宽场馆建设资金来源渠道，改变过去过于依赖财政资金的局面，多渠道筹集场馆建设资金。创新场馆融资方式，积极推行公私合作，鼓励地方政府采取政府购买服务等多种方式支持建设场馆。充分挖掘场馆潜在的商业服务功能，通过对场馆配套商业服务设施的市场化运作，吸引社会力量参与场馆的投资和建设。对于地方建设的中小型场馆，由于以提供基本公共体育服务为主，属于政府财政保障的重点，社会力量难以参与，因此，地方政府财政对中小型场馆的建设资金应优先予以保障，并积极申请中央财政预算和各级体育行政部门对“全民健身活动中心”等项目建设的专项资助。同时，由于许多地方体育行政部门与文化、教育等行政部门合并，在设计、建设中小型场馆时应注意兼具文化、教育等职能，进而便于整合各系统资源，申请文化、教育等系统的资金支持，加大对中小型场馆建设资金的财政保障力度。此外，地方财政应逐步加大对场馆运行的财政保障力度，加大对

场馆后续运营的投入，确保场馆公共体育服务的提供。目前，中央已启动对体育场馆免费和低收费向社会开放的补贴工作，地方政府也应做好相应政策的跟进工作，通过向场馆购买公共体育服务、财政补贴等方式，加大对场馆运营的支持力度，场馆能够安心提供公共体育服务，促进公共体育服务的供给。

建立公共服务标准，完善监管考核机制。公共体育服务标准作为大型体育场馆必须履行的强制性标准，大型体育场馆必须予以履行，以保障公共体育服务的供给。同时，地方体育行政部门是大型体育业务管理主体和公共体育服务供给主体，应尽快制定全面的大型体育场馆供给公共服务的监管考核机制，将大型体育场馆必须履行的公共体育服务职能和提供公共体育服务的具体要求纳入政府对于大型体育场馆的考核目标之中，对其情况进行监管和定期考核，激励大型体育场馆管理机构提供更多更好的公共体育服务，以满足群众对于大型体育场馆公共体育服务的要求。

第七章　公共体育服务组织体系的构建

第一节　公共体育服务组织体系框架

公共体育服务组织体系的建设与完善，既要契合当前我国群众体育发展的整体发展需要，亦要体现组织建设在公共体育服务体系中的角色与职能。通过公共体育服务组织的建设，从源头上满足人民群众健身参与过程中的组织服务需要。公共体育服务组织体系的建设主要有政府、社会和市场这三个动力来源，社会和市场力量在政府的主导下，与政府一道构建公共体育服务组织建设的整体框架。

一、政府：公共体育服务的责任主体

（一）明确主要作用

第一，政府需要进一步调整理念，实现由“划桨”向“导航”职能的转变。公共体育服务并不需要政府亲力亲为地执行和办理，否则就会把大量的人力、物力和财力浪费在了低效率、不公平、不均衡的公共体育服务生产上。政府部门要做好宏观管理和调控。在具体工作过程中，要坚持依法办事，加强调查研究，把公众利益作为工作指向，积极推进市场和社会组织共同提供公共体育服务。

第二，要转变政府职能，由管制向服务转变。在建立市场经济体制和构建和谐社会的今天，政府应加强体育市场的培育、规范和监管功能，重视公共体育服务的供给。结合公众需要决定政府体育管理职能的着力点，明确各级政府之间在公共体育服务供给上的分工，在此基础上考虑公共体育服务供给的方式和机制。同时，加强对群众体育需求的研判，使政府提供的公共体育服务能够有效对接公众需要。

（二）厘清具体内容

从全民健身的角度，我国公共体育服务体系中主要有场地设施、体育组织、体育活动、体育指导培训、体质监测等需要政府的供给和保证。从我国公共体育服务体系建设实际来看，公共体育服务应该包括以下八方面的内容。

第一，经费投入。公共体育服务经费投入和人均公共体育服务经费。

第二，政策制定。公共体育服务政策法规修改与完善、公共体育服务政策法规执行情况和公共体育服务“三纳入”情况。

第三，人员配备。负责公共体育服务的专职人员和参与公共体育服务的志愿者。

第四，公共体育场地设施建设。已有公共体育场地面积、人均已有公共体育场地面积、公共体育场馆的开放和学校场地设施开放。

第五，体育活动。体育活动的具体规划、举（承）办体育、活动参与情况。

第六，体育组织。体育社会组织、体育社会组织会员、体育社会组织活动、民间健身团队、民间健身团队成员和民间健身团队活动。

第七，体育指导。社会体育指导员、体质监测站（点）和开展体质监测。

第八，体育信息等服务。体育信息网站和体育科学健身讲座。

随着我国经济社会的不断发展，公共体育服务的国家基本标准也相应提高，公共体育服务内容也会更加丰富，尤其在竞技体育和体育产业领域也应制订相应的国家基本标准，来提升公共体育服务水平。

二、市场：公共体育服务的优化配置

（一）市场参与公共体育服务的必要与可能

从一般意义上说，市场存在的价值在于追求经济效益最大化。随着企业理论的扩展，企业的社会责任问题被广泛提及。公共服务的市场供给主要假设在于政府供给公共体育服务的低效和垄断。按照新公共管理的相关理论，通过竞争性理念的引入，各种市场主体参与公共服务供给，可有效地满足公众的需求。

第一，公共体育服务中市场参与的必要性：弥补低效。在政府供给中，政府综合公民的公共体育偏好，提供公共体育服务产品。

第二，公共体育服务中市场的优势：市场机制。市场机制是指在市场运行中形成的以价格、供求和竞争三位一体的互动关系为基础的经济运行和调节的机理。市场机制分为价格机制、供求机制和竞争机制三种。

（二）市场在公共体育服务供给中的角色定位

市场是指在商品生产和交换领域扮演重要角色，以追求经济效益为主要目标的组织类型，其主要的表现形式是企业组织。由于企业组织以追求经济效益为主导，所以在实践运行领域，公共体育服务的公益导向在一定程度上会与企业的目标造成一定偏差。但在现实生活中，企业参与公共服务供给确实存在并逐渐发展。按照组织分工理论，市场在公共体育服务中主要扮演以下三种角色：

第一，市场扮演公共体育服务的“提供者—生产者”角色。从一般意义而言，市场不会承担公共体育服务的“提供者—生产者”角色，主要因为企业不会主动承担发展体育的公共责任。但是在企业发展过程中，企业承担“繁荣企业文化、增强企业活力”的实践责任，一定程度上体现了市场的角色。从上述分析来看，企业职工体育就是市场在公共体育服务中的具体体现。企业职工体育是由企业投资、企业管理和运行的组织形态，以服务企业员工为宗旨，具有公共体育服务“提供和生产”联合的特征。

第二，市场扮演公共体育服务的“生产者—被采购者”角色。有的企业生产的公共体育服务产品，需要公共体育服务提供方支付一定的费用来购买，才能让渡给对方，从而惠及全民。这类企业组织主要是指提供各种专业化服务的企业或组织，通过提供专业化较强的服务项目，由其他组织支付费用，使之成为公共体育服务项目。如相关市场提供较为专业化的服务，这类服务需要付费使用。但是最终的消费者不需要付费，付费者根据服务对象的不同而不同。

第三，市场扮演公共体育服务的“生产者—合作者”角色。公共管理过程中，合作主义是一个阐述多元主体合作的重要理论。在公共体育服务供给过程中，有些服务项目的供给需要多元主体参与。不同组织形态基于自身的管理优势，提供不同类型的服务项目，呈现出市场参与公共体育服务供给的合作态势。实现民众参与健身、实现健康促进的目标，政府组织推动相关体育场馆对外开放，倡导相关社会组织参与服务供给，通过相关政策引导企业组织提供民众需要的“健康体检服务”“专业化的健身指导服务”等。

（三）市场在公共体育服务供给中的实现机制

市场参与公共体育服务供给，本质是一种基于委托代理的协调分工制度，从而引起政府与公民及社会之间的良性互动。因此，在推动市场在公共体育服务发展中，尤其需要注意伙伴关系、利益保障、方式创新、严格问责等发展举措。

第一，重视服务整合，构建新型合作关系。当前，我国公共体育服务已经进入“服务整合”时代，国家体育总局倡导的“大群体”就是服务整合的具体佐证。政府的优势在于供给利用公共财政建设相应的硬性服务，如提供民众参与体育活动的全民健身场地、器械等，而市场则能够利用专业化的服务提升民众参与体育服务的质量。

第二，重视利益诉求，建立利益补偿机制。社会转型期，鉴于对普遍体育权利的重视，倡导公共体育服务的全覆盖发展。在培育市场供给公共体育服务过程中，需要重视各方面的利益诉求。无论是政府组织还是市场，其参与公共体育服务发展都脱离不开“利益驱动”。因此，在推动市场嵌入公共体育服务体系过程中，要建立有效的利益补偿机制，让市场能够在追求部门利益和实现公共利益之间实现利益的整合，为市场参与公共体育服务供给提供正向激励。市场供给公共体育服务利益补偿机制的建设，需要政府利用税收、法律等制度对相关市场进行补偿。对居民满意度较高、成本控制明显和公共体育服务质量较高的市场，政府可以给予相应的税收优惠，并在信贷支持和政策优惠领域提供相应的补偿政策。

第三，推进方式创新，建立多元方式体系。市场参与公共体育服务，不是市场替代了政府，而是竞争代替了垄断。市场能够充分引导民众实现“用脚投票”的权利，公共消费者可以在不同市场提供的公共体育服务中进行自我选择，从而提高民众的公共体育服务满意度。针对不同性质和类型的公共体育服务，应采取针对性的供给方式。尤其是针对政府公共体育服务职能的改革手段，诸如政府购买、伙伴关系等，对转变政府职能和提高公共体育服务供给效率具有重要意义。在公共体育服务供给过程中，强调政府与市场合作的“公私合作”关系，对推进政府职能的改善和提高民间资本进入公共体育服务领域的积极性发挥着积极作用。

第四，确保问责态度，建立问责监督制度。在公共服务型政府建设过程中，对各种行为主体的约束除了从法律规范、经济惩处等方面以外，组织问责制度是必要的选择途径。

三、社会组织：公共体育服务的重要载体

在我国，一直使用“民间组织”这一称谓，它涵盖了社会团体、民办非企业单位和基金会这三类组织。“社会组织”取代原来的“民间组织”，在业界成为一个流行词语，并获得民政部的认可。我国体育社会组织主要有体育社会团体、体育类民办非企业单位和体育基金会三种形式。

（一）体育社会组织类别一：体育社会团体

社会团体是指中国公民自愿组成，为实现会员共同意愿，按照其章程开展活动的非营利性社会组织。我国的体育社团组织体系庞大，种类繁多，既有规模较大、层级较多和会员众多的大型正式体育组织，诸如各行业的行业体协、体育单项协会等，也有规模较小、结构松散和成员较少的社区健身组织。

1. 行业体育协会

行业体育协会是我国群众体育组织体系中的重要组成成分。自新中国成立起，我国便在各个行业系统内部建立了体系较为完备和覆盖较为全面的体育协会。诸如 20 世纪 50 年代初期，我国便分别在铁路、金融、水利、电力、煤矿、通信等领域成立了行业体育协会。

2. 人群体育协会

人群体育协会是指在各社会阶层和社会群体内部建立的社会性体育组织，如青少年体育协会、农民体育协会、妇女体育协会等。

3. 中国农民体育协会

中国农民体育协会是在农民这一社会阶层内部成立的具有群众性和社会性的体育组织，是动员与发展广大农民参与体育活动的有效载体与组织形式。中国农民体育协会自成立以来，在全国举行与发展了大量的农民积极参与的体育活动，举办了多届全国农民运动会和其他形式的农民体育活动。

4. 老年人体育协会

我国人口基数大，老年人口多。老年人特殊的身体特征对公共体育提出了较高的要求，运动健身成为老年人生活方式的重要组成部分，由此也使得老年人成为群众体育发展中的一支主力军。老年人群体具有较多的闲暇时间，使得老年人在群众体育动员和发展中具有较为独特的动员功效。老年人不但在动员老年人发展体育中具有十分积极的推进作用，在动员其他社会群体参与体育中的作用也十分显著。当前，各社区的健身组织，以老年人为主体的健身组织占据了绝大多数。

5. 中国残疾人体育协会

公共体育在提高残疾人身体社会适应能力，促进残疾人正常社会生活回归中具有十分重要的作用。为了联系与动员广大残疾人参与体育，成立了中国残疾人体育协会。

6. 青少年体育俱乐部

我国一贯重视青少年体育运动的开展，也十分注重青少年体育俱乐部的建设与发展。在中央政府的积极关怀与鼓励下，各地纷纷组建基层青少年体育俱乐部。当前各地的青少年体育俱乐部主要依托地方的体育系统与教育系统，以学校、体育学校（含业余体校）、体育场馆、单项体育协会、社区等为依托单位，成立各种类型的青少年体育俱乐部。各地的青少年体育俱乐部采取会员入会与登记制度，一般在当地的体育和民政部门进行了相应的注册登记，获取了合理的民间组织身份。

7. 单项体育协会

改革开放以来，我国单项体育协会得到了迅速的恢复与发展。近年来，除了各单项体育协会蓬勃发展，各区域的民族传统体育项目亦成立了相应的单项协会。这些民族传统体育项目单项协会的成立既起到抢救、保护民族传统体育项目及其文化的作用，亦在当地起到了较为良好的群众体育动员与参与的作用，依靠各种类型的民族传统体育项目组织，各地长期举办各种民族传统体育活动。

8. 基层体育组织

近年来，基层体育组织发展迅速，体育指导站、晨晚练点等遍及城乡，数量众多的基层体育组织契合了基层群众的体育需求，为群众提供了便利的体育组织服务，极大地推动了我国城乡社区群众体育的发展。

（二）体育类民办非企业单位

体育类民办非企业单位是指由企业事业单位、社会团体、其他社会力量和公民个人非国有资产举办的，以开展体育活动为主要内容的非营利性社会组织。如民办的体育俱乐部、体育场馆、体育学校等，这些体育类民办非企业单位在一定程度上缓解了政府财政资金不足的压力，为社会提供日益增长和多元化的体育服务。

（三）体育基金会

基金会是指对国内外社会团体和其他组织以及个人自愿捐赠资金进行管理的民间非营利性组织，是社会团体法人。我国现有体育基金会 37 家，其中公募体育基金会 23 家，大多在体育系统，少部分综合性体育基金会则分布于政府各个部门；非公募体育基金会 14 家分别属于体育系统、民政部门、工会和侨联主管；另有 4 家属于境外注册或是正在完成注册的境外体育基金会。

第二节　公共体育服务组织体系建设的发展对策

一、公共体育服务体系组织建设的价值诉求

（一）契合我国群众体育整体发展需要

近年来，在体育强国的战略指引下，根据国家建立健全公共服务体系的总体部署，我国提出了全面构建公共体育服务体系的群众体育发展战略。构建公共体育服务体系，其核心则是抓住群众身边的场地、组织和活动三个环节。从政府体育工作的战略部署来看，体育组织建设是公共体育服务体系建设的重点领域之一，由于体育组织在动员群众参与体育、为体育提供组织活动的平台等方面具有重要的作用，因此，体育组织建设在公共体育服务体系构建和在群众体育事业发展过程中具有十分重要的地位与意义。当前，推进公共体育服务体系建设的重点是保障公共体育服务的均等

化，也就是说要通过进一步完善公共体育服务体系，确保全国各族人民都能平等地享受到基本的公共体育服务。为此，国家体育总局提出要从保基本、强基层、建机制三方面出发，来积极推进公共体育服务均等化。作为公共体育服务体系构建工作的重点领域——体育组织体系建设应当契合我国当前群众体育发展的整体需求，具体而言，就是应当在组织建设的过程中完好地体现“保基本、强基层、建机制”这一整体的工作思路，通过体育组织体系的建设，推动公共体育服务体系的健全完善，推进我国群众体育发展水平的全面提高。

（二）体现公共体育服务体系建设诉求

全面实施全民健身计划，健全基层全民健身组织服务体系，扶持社区体育俱乐部、青少年体育俱乐部、体育健身站（点）等建设，发展壮大社会体育指导员队伍，大力开展全民健身志愿服务活动，建立国家、省、市三级体质测定与运动健身指导站，普及科学健身知识，指导群众科学健身。《全民健身计划（2016—2020年）》强调了“全民健身组织网络更加健全”的发展目标。该部分提出的重点培育与发展的各类体育组织均为基层体育组织。上述群众体育发展的法规文件均强调了体育组织建设在公共体育服务体系建设中的重要地位。公共体育服务体系的组织建设应当体现公共体育服务体系总体的建设诉求，以组织建设为纽带来更好地促进公共体育服务体系的构建。

（三）回应公共体育组织服务现实问题

群众体育发展已经在我国建立了从中央到地方的体育社团组织架构，建设了涵盖人群社团、项目社团、单位社团等多种类型的体育社团组织，取得了体育社团组织建设的诸多成绩，也积累了较多的体育社团组织的建设经验。但同时也应该认识到，当前我国公共体育服务体系的组织架构建设工作仍然存在个别的问题，诸如体育社团组织数量规模较小，不能有效满足群众基本的组织需求；体育社团结构问题突出，各类社团组织的比例结构不合理，各类社团的互补功能尚未得到有效的发挥；体育社团的功能发挥有一定的局限性，在满足群众多元化组织需求方面尚存在较多的问题；体育社团治理层面尚存在体制和机制不畅的问题，体育社团获取合法身份存在较多的登记门槛；体育社团组织自身的活力不强，难以依靠自身的努力有效化解资源约束的问题。当前，公共体育服务组织体系建设与运行中暴露的问题对体育组织建设提出了较多的完善要求，建设公共体育服务体系必然需要着力化解这些制约公共体育服务组织体系良性运行的问题，以公共体育服务组织建设问题为契机而有效推进公共体育服务组织建设。

（四）满足群众健身参与基本组织需求

建立健全公共体育服务的基本目的是满足人民群众基本的体育参与与健身需求。体育社团组织是联系群众参与体育的重要纽带，是组织群众开展体育活动的重要平台，是维系与激励群众体育参与热情的重要支撑。体育社团提供的组织服务是群众基本体育需求的重要构成。在建设公共体育服务体系的过程中，应当全面把握当前阶段群众基本的组织需求特征，结合群众基本的组织需求特征，建设体育社团组织。我国地域辽阔，民族众多，不同区域的社区群体对于公共体育服务的组织需求存在一定的差异，不同的社会阶层其组织需求亦有所不同。在建设公共体育服务体系组织架构的过程中，既需要考虑如何去满足群众基本的组织需求，还应当考虑不同区域和不同社会阶层之间所存在的组织需求的差异。以满足群众基本健身需求为根本出发点来有效地推进体育组织建设。

二、公共体育服务体系组织建设的根本目标

依据我国公共服务体系构建的整体目标，结合公共体育组织服务体系发展的实际，提出当前我国公共体育组织服务建设的根本目标。

（一）保基本

公共体育组织服务作为国家运用公权力与公共资源所提供的一项公共服务，其服务的标准与水平应当与我国群众体育发展的实际以及政府公共体育服务的供给能力相适应。基于政府有限的财力无法也不能满足不同社会阶层多元化和差异化的全部组织服务需求，因此，政府所供给的公共体育组织服务所立足的只能是基本层面的公共体育组织服务，所面向的只能是普通民众诉求最为强烈的公共体育组织服务需求。就组织建设而言，应当立足于基层，依据现有的各类人群体育组织、单项体育组织和行业体育组织，依靠社区、村委员会等政府延伸组织的组织机能，努力将各类组织建设发展到基层的城市和农村社区之中，实现网络化的组织发展与建设布局，从而有效发挥各类组织的互补功能，吸纳与发动不同民族、不同年龄和不同兴趣爱好的群众广泛地参与到体育锻炼中来。当然，强调公共体育组织服务的基本面向，并不是说公共体育组织服务的供给标准与供给水平将是固定不变的。事实上，伴随经济社会的深入发展，国家公共体育服务供给能力与供给水平的提高，公共体育组织服务的标准也会相应提高。伴随国家经济社会发展水平的提高，公共体育服务组织建设的内涵也将不断提升，领域不断扩大，服务的群体不断拓展。

（二）广覆盖

当前，我国的群众体育发展，尚存在区域不平衡现象。经济发达的东

部沿海地区，尤其是东部沿海地区的城市社区，体育发展的组织条件比较成熟，依托人群体育组织、单项体育组织、行业体育组织以及各类松散的非正式健身集群的动员与聚集效应，东部沿海的城市社区形成了各类组织网络化和互补性的发展格局，组织的触角已经延伸到群众生活的小区之中，组织的覆盖面广，辐射能力强。相比于城市的广覆盖，我国中西部地区，尤其是中西部的农村地区，由于经济发展相对滞后，群众的生活方式受传统习俗影响，人们的体育参与意识相对淡薄。在这些区域中，建设与发展体育组织在较大的观念层面和器物层面仍有重重阻力。因此，建立健全公共体育服务体系，应当充分考虑区域平衡的问题，打造与构建的公共体育服务体系组织网络能够真正覆盖不同区域的群众，使不同区域的群众都能够受惠于这一公共财政建设的体育服务。

（三）可持续

建立健全公共体育服务体系，从内涵而言，应当包括公共体育服务体系发展的可持续性，这意味着建设的公共体育服务体系应当能够稳定地长期为群众供给公共体育服务。公共体育服务体系自身的稳定性以及公共体育服务体系自身所具备的可持续发展能力应当是公共体育服务体系建设的应有之义。作为公共体育服务体系的重要组成成分——体育组织体系也应当充分体现公共体育服务体系运行的这一特征。因而，公共体育服务组应始终贯彻与落实体育组织可持续能力的培养与提升，应当通过一定的制度创新与机制建设，使公共体育组织服务体系具备可持续的发展能力。当然，随着国家公共服务整体水平的提高，全国各族人民基本服务需求的提升，公共体育组织服务体系也将动态地适应环境的变迁，不断地做出相应的发展姿态调整，进而生产与提供能够满足全国各族人民基本层面的体育需求。

（四）有层次

将纵向组织建设与横向组织发展（省、市、县、街道、乡镇和社区为纵向层次，人群组织、单项组织和行业组织为横向层次）、全国组织统筹与区域组织发展、大型组织建设与基层组织建设三者有效结合起来，从而构建起以政府为主导，全社会共同参与，自上而下构建“结构完整、机制健全、功能完备”的公共体育组织服务体系。

公共体育组织服务建设无法采取全面铺开、整体推进、一蹴而就的建设策略。建设公共体育组织服务体系应当依据我国群众体育发展的实际，采取有重点和有步骤的建设方针，将公共资源率先投放到发展效率快和发展效益好的体育组织建设领域。从当前我国的体育组织建设格局与功能来看，基层层面的体育组织能够长效化和生活化地为群众提供体育组织服务，此类组织应纳入政府优先建设的范畴之内。对于基层层面的体育组织建设，则应当优先考虑社会弱势群体、青少年群体、老年人群体、妇女群体等人群的体育需求。

三、公共体育服务体系组织建设的实践取向

（一）转换理念，抓住力点

从内涵来看，公共体育服务体系的组织建设可做出两种解释：其一是广义的公共体育服务组织建设。其不仅包括生产供给的组织体系，而且包括生产供给这些组织体系。所以，广义的公共体育服务体系组织建设，不仅涵盖如何生产供给组织服务，还涉及生产供给组织服务的自身的建设。由于广义的公共体育服务体系组织建设外延过于宽泛，所涉及的组织类型过于庞杂，未具有实践操作性，在具体实践中，我们所提及的应是狭义的公共体育服务体系建设，也就是如何生产与供给公共体育组织服务。狭义

的公共体育服务体系组织建设，既包括了动态的“组织建设”——政府或体育组织举办的活动过程，亦包括静态的“组织建设”——各种实体性的体育组织。在通常的理解中，公共体育组织服务建设所涉及的只是如何去建设与发展各种类型的体育组织。不可否认，建设与发展各种类型的体育组织是公共体育组织服务建设的重要组成部分，这是由体育组织在公共体育服务体系构建和群众体育事业发展中的重要地位所决定的。但我们同时也应看到，在积极地推进各种类型的体育活动开展的过程中，亦会客观地推动体育组织现象的生成——或许短期性的体育活动开展只能够使得群众形成并不稳固的临时性的集群，尚不具备形成稳定的和正式的体育组织的可能，但经常性、长期性、制度化的体育活动的开展与举办，却能够稳定地将分散的体育参与者有机地整合起来——经常性的体育活动开展能够自然而然地使原本分散的体育参与者生成结构性的关系形态，并逐步演变为体育组织。可见，动态的体育活动开展的过程中既本真地蕴含了组织现象，又包含了孕育体育组织的内在机理，因而动态的体育活动开展过程亦是体育组织建设的重要过程。

从内涵的理解上，对公共体育服务体系组织建设做出这一区分具有十分重要的意义：从理念上理清公共体育服务体系建设的重点，由此使得我们的实践工作更具指向性与针对性，实践工作也将更具有成效。

眼光下沉，使我们将公共体育服务体系组织建设的工作重心下沉到基层社区。而内涵的理清，使我们进一步将公共体育服务体系组织建设工作指向基层社区中的组织服务。数量众多、规模小型、项目各异的基层健身组织以其“贴近群众身边、契合群众需求；组织规模、维系成本低廉；组织结构松散、准入门槛较低”的结构与功能优势，在基层社区具有极强的生命力，在公共体育服务体系构建和群众体育发展中的作用也越发凸显。

构建基本公共体育服务体系，推进公共体育服务体系组织建设，工作重心应当下沉，应将工作的重点置于基层社区这一层级的体育组织建设上，从战略上重视与关注群众身边的组织。

（二）分门别类，注重互补

不同的社会地位、职业、收入水平以及差异化的价值观念与生活方式，也使得他们在体育参与过程中表现出迥然不同的体育需求、体育态度、体育消费与体育活动方式。不同社会阶层差异化的体育需求必然需要通过不同类型和不同性质的体育组织社团来满足，群众体育需求的变化从客观上起到了催生各类社区健身组织的效果。建设公共体育服务组织体系，应当充分重视与发挥基层社区各类健身组织的互补功能。第一，组织建设工作首先做到对组织的分门别类。按照组织的性质做出正式组织与非正式组织、人群组织与单项组织等的区分，针对不同的体育社团组织，根据各社团组织的性质，采取不同的治理策略。诸如针对规模较大的正式体育组织，采取改革登记制度，赋予其合法身份，协助正式组织完善组织架构与制度框架，建立健全正式体育社团组织的人才流动机制、人才替代机制等；对于非正式组织，则可采取扶助加激励的办法，促进非正式体育组织的良性运行。扶助措施包括为非正式体育组织提供活动所需要的场地、器材、技术指导等；激励措施主要指向的是非正式组织的带头人，通过物质激励、精神激励等手段有效地激励组织的带头人，使得组织在带头人的领导下不断地孕育和发展。对于人群组织，则根据人群的特征予以针对性的帮助；对于专项组织，依据专项的特征，给予场地、设施、器材、技术等多方面针对性的扶助。依靠这种分门别类和针对治理的手段，能够有效地促进各种类型体育社团组织的发展，能够发挥各自组织的功能，组织功能的互补能满足不同社会阶层群众差异化的体育需求。

（三）盘活存量，提升增量

公共体育服务体系组织建设应当进一步通过“盘活存量，提升增量”的工作思路而大幅度地扩大体育社团组织的数量规模。“盘活存量”是指我们应当尽可能地利用与把握好当前存在于基层社区的各类组织，使其更好地发挥出组织服务功能。对于发展较好的组织，我们应当运用有效手段，激励其进一步的发展；对于发展陷于困顿的组织，应当通过针对性的措施，使其重新焕发生机，有效发挥组织功能；对于一些综合性的组织，诸如老年协会、妇女协会、青少年协会等，体育虽然不是这些组织的主要业务范畴，但仍应当有效地利用与发挥这些综合性组织在“盘活存量”中的作用，通过有效的手段，不断地拓展综合性社会组织的体育功能，使其融入公共体育服务体系的组织建设框架之中，发挥体育组织的功能，为群众提供公共体育组织服务。

（四）多管齐下，注重实效

推进公共体育服务体系组织建设，既可以采用直接手段孕育组建体育社团组织，也可以运用多管齐下的策略，进一步优化体育社团组织的发展环境，进而促进基层体育社团组织的发展与孕育。

第一，将组织建设与体育文化建设联系起来。体育文化是从深层次影响人们体育价值和体育行为的要素。通过一定的宣传、弘扬和榜样方式，在全社会积极地传播全民健身的价值、知识和技能，营造浓郁的全民健身氛围。体育文化建设的强化能够有效地转化和提升体育意识，为群众参加体育锻炼提供有效的整合与激励效能；依靠体育文化建设的基础作用，群众自发组建、维护和发展体育社团组织的能力也能获得大幅度的提高。因此，在体育社团组织建设的过程中，应当重视体育文化建设的基础性地位，将体育社团组织的建设与体育文化建设有效结合起来，依赖体育文化的带动作用，促进体育社团组织的孕育与发展。

第二，将组织建设与政府职能转变联系起来。建设体育社团组织，就实质而言，是培育与发展群众体育领域的社会力量。培育与发展社会力量，调动社会力量发展群众体育事业的积极性一直都是群众体育工作的重点之一。一直以来，我国的群众体育事业都是依靠政府单方面的力量来推动与发展的。但政府单方面的资源显然是不能承载群众体育发展所需要的资源，从而使得群众体育发展速度缓慢，而政府直接介入群众体育发展事业，也与政府自身的职能不相吻合。所以在大力推进体育社团组织发展的同时，应当进行相应的政府职能转变。将组织建设与政府职能转变结合起来，通过政府职能的转变，改变政府单方面发展群众体育的发展方式，依靠政府政策的引导，培育与调动社会力量发展群众体育的积极性，尤其是采取政府购买体育服务的方式，来积极地培育体育社团组织。

第三，将组织建设与基层社区建设联系起来。体育社团组织孕育并发展于一定的社会关系之上。伴随社区的变迁，传统不善流动的社区形态逐渐为流动频繁的社区形式所替代。在传统的社区中，社区成员互动频繁，社区整合程度较高。在这样的社会关系基础上，体育社团组织易于组建发展。而在现代社区，由于社会成员构成的异质性程度较高，社区成员之间互动较少，社会关系较为生疏，社区的整合程度较低，从而导致体育社团组织的孕育与发展较为困难。基于社区的关系形态与体育社团组织的形成与发展的关联效应，在建设体育社团组织的过程中，亦可以通过优化社会关系的方式而间接地推进体育社团组织建设。

第四，将组织建设与体育场地建设联系起来。为了大力发展群众体育事业，我国体育管理部门曾经提出建设群众体育“三身边”的工作举措，即通过建设群众身边场地、身边组织和身边活动而使得群众体育真正地融入百姓的日常生活中。通过较长时期的“三身边”建设，我国群众体育发展的场地设施、组织水平和活动频次均有大幅度的提高。从“三身边”的建设效果来看，场地设施和体育活动均是较为容易贯彻的举措，而体育组织往往由于分散和形式各异，难以以标准化的措施予以推进。事实上，如果转换工作思路，将基层体育社团组织建设与体育场地建设关联起来，那么，群众体育发展的组织化水平将得到进一步的提高。那么，组织建设该如何与体育场地设施相关联呢？可以通过以场地设施为契机，在建设体育场地设施的同时，及时联系挂靠组织，使每一个场地的建设都有多个规范化的体育建设组织依附其上。

参考文献

[1] 刘望，王政，万文博．政府购买公共体育服务多元协同监管体系的构建与运行策略研究 [J]. 天津体育学院学报，2022，37(03)：302-308.

[2] 刘卫东．城市社区体育多元化公共服务体系的理论构建研究 [J]. 德州学院学报，2011，27(06)：100-103.

[3] 黄书朋，蒋东升，唐元超．乡村治理视域下广西农村公共体育服务体系构建研究 [J]. 绵阳师范学院学报，2021，40(11)：135-139.

[4] 林丽芳．健康中国背景下我国农村公共体育服务体系构建研究 [J]. 湖北科技学院学报，2021，41(04)：99-105.

[5] 孙晨，韦颂．乡村振兴背景下西南农村地区公共体育服务体系构建研究 [J]. 当代体育科技，2021，11(13)：139-141.

[6] 曾志聪，李易梅，黄俏雯．县级公共体育服务体系构建中的问题与建议：以广西为例 [J]. 当代体育科技，2020，10(36)：165-167.

[7] 唐玉栋．合成革在体育用品中的应用：评《公共体育服务体系构建及其运行机制研究》[J]. 皮革科学与工程，2020，30(06)：98.

[8] 汪美芳，梁占歌．新时期公共体育服务体系构建研究 [J]. 攀枝花学院学报，2020，37(05)：98-102+113.

[9] 陈浩．苏北农村公共体育服务体系构建研究 [J]. 体育科技，2020，41(03)：24-25.

[10] 朱琦．我国城市公共体育服务体系构建与完善研究 [J]. 当代体育科技，2020，10(04)：187-188.

[11] 李玲 .“体医结合”视野下长沙市农村公共体育服务体系构建研究 [J]. 体育世界（学术版），2019(11)：29-30.

[12] 梁丽凤，韩学民 . 海南社区公共体育服务体系构建研究 [J]. 智库时代，2019(19)：29-30.

[13] 王柯，孙建华，刘其龙，黄学惠 . 广西少数民族地区城市社区多元化公共体育服务体系构建研究：以百色市右江区为例 [J]. 体育科技，2017，38(06)：67-68.

[14] 樊炳有，王家宏 . 公共体育服务标准体系框架构建及运行模式 [J]. 体育学刊，2018，25(02)：39-44.

[15] 张振，赵纯，许松 .“健康中国”目标下社区公共体育服务体系构建研究 [J]. 长春师范大学学报，2018，37(02)：83-85+106.

[16] 刘世奇，张宇洁，王勇 . 广西少数民族地区农村公共体育服务体系构建研究 [J]. 运动精品，2018，37(01)：27-28.

[17] 陈捷，王岐富 . 新型城镇化背景下湖南省农村公共体育服务体系构建研究 [J]. 中国高新区，2017(18)：226-227.

[18] 程亦炜 . 全民健身背景下的公共体育服务体系构建研究 [J]. 当代教育实践与教学研究，2017(07)：274+276.

[19] 金梅，马勇 . 我国残疾人公共体育服务体系研究框架构建 [J]. 南京体育学院学报（社会科学版），2017，31(03)：67-75.

[20] 刘会平 . 基于均等化视角的常州市公共体育服务体系构建之研究 [J]. 南京体育学院学报（自然科学版），2016，15(06)：19-23.

[21] 马渝，文烨 . 田园城市建设中成都市公共体育服务体系构建与运行机制研究 [J]. 成都理工大学学报（社会科学版），2016，24(02)：72-76.